Shck Tchamna   Fʉ Tientcheu

Mon Prénom Africain
Mon Prénom Bamiléké

Pour la revalorisation et la réintégration
des anthroponymes Africains.

MON PRENOM AFRICAIN

MON PRENOM BAMILEKE

Pour la revalorisation et la réintégration des anthroponymes Africains.

TOME 1

Ŋwà'nĭ Nzén Póá Afrīka

Dédicace à tous les futurs parents et aux nouveaux bébés du monde.

Qui n'a pas de nom n'existe pas, et qui a un nom d'esclave est un esclave…

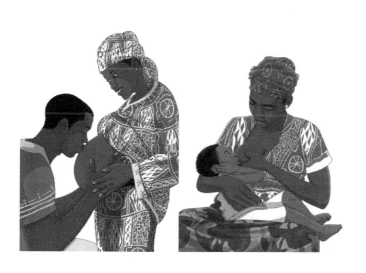

Ce livre est dédié aux nouveaux et aux futurs parents. C'est un guide qui vous servira de support pour le choix du nom ou prénom de nos futurs nouveau-nés, afin de rompre le sort et se déchainer du joug de l'esclavage. La première délivrance commence par l'appropriation culturelle, linguistique et onomastique.

Ce livre établit des formules anthroponymiques qui vous serviront à dériver le nom de vos futurs enfants dans votre propre langue maternelle. Des nouveaux noms et prénoms ont été forgés de toute pièce en langue Bamiléké - fè'éfě'è (Nùfǐ), écrit grâce à l'Alphabet General des Langues Camerounaises (AGLC), puis transcrit dans une orthographe à caractères romains, et enfin traduit en français pour vous permettre d'utiliser les mêmes principes de dérivation dans votre langue maternelle.

Comme bonus pour les natifs Bamilékés, bien que pas l'objectif de cet ouvrage, une explication de quelques noms bamilékés bien connus vous sera servi dans l'ouvrage.

Ò bǎ nə̀ə̀sìmà' pō cēh ō mɑ́ mvī, mɑ̀ ǒ mfãt mvēnɑ̀, njīī mvūā nkhɥ́ɑ́.

Si tu es un lion, et on t'appelle chèvre, tu brouteras, et t'enfuiras quand tu verras un chien.

Shck Cǎmnà'

Zēn zǒ pě' mbɑ lāhā lā, o sī' mānzhī kó'síé yāā bā ; o zhī mɑ́ ò yǎt si tōm ko…

Quelqu'en soit la beauté de ton nom, tant que tu ignores sa signification en ta langue natale, alors tu restes toujours un peu aliéné.

Fʉ Tientcheu, Mēn Kinken

MON PRENOM AFRICAIN, MON PRENOM BAMILEKE : CAS DU FE'ÉFĚ'E (NUFI)

© RESULAM, 2021

www.resulam.com

ISBN: 9798753759252

Comment utiliser ce livre ?

Ce livre est destiné à tous les africains soucieux de retourner à leur authenticité. Si vous avez acquis ce livre parce que vous êtes dans l'urgence de trouver un nom pour votre nouveau-né, alors, nous vous conseillons vivement de sauter tous les chapitres et de vous rendre au chapitre 6, où nous présentons des jolis prénoms prêts à l'utilisation. Après avoir fait le choix de votre prénom, revenez lire les chapitres dans l'ordre du livre, car ces chapitres vont vous énergiser et vous renforcer dans votre détermination à vouloir donner un prénom original et authentique à votre Nouvelle Étoile, ou votre Nouveau Soleil. Au chapitre 1 le problème à résoudre par rapport aux anthroponymes africains est posé, le chapitre 2 présente l'origine du désintérêt des africains pour les noms africains, le chapitre 3 renforce le chapitre 2 en présentant les raisons de l'amour des prénoms étrangers par les africains. Le chapitre 4 présente les types de noms en Afrique. On parlera des noms de circonstances, des noms-destins, des noms de reprises, des noms théophores, des noms élogieux et des noms glorieux. L'étude a été étendue sur plusieurs ethnies Africaines : Les Malgaches avec le record des noms kilométriques, les Igbos avec les noms d'enfants lié aux quatre jours de la semaine, les Baoulés, les Yorubas, les Bamilékés, etc. Le chapitre 5 est dédié au pouvoir et à l'influence du nom sur son porteur. Notamment les auteurs théorisent le Nom comme la quatrième dimension ontologique, à côté du Corps, de l'Âme et de l'Esprit. Le chapitre 6 présente une liste d'environ 200 noms nouvellement crées où les parents pourront aisément puiser le nom de leur progéniture. Bien que pas l'objectif de ce livre, le chapitre 7 essaiera de donner la définition de quelques noms populaires bamilékés. Le <u>chapitre 8</u> recapitulera l'essentiel à retenir sous forme de conclusion.

Enquête sur le livre mon prénom africain mon prénom bamiléké

Merci de remplir cette enquête afin de découvrir ce que pensent les gens comme vous. Une fois l'enquête remplie, vous recevrez non seulement vos résultats, mais aussi les statistiques des personnes ayant remplies avant vous. Vous choisirez aussi si vous souhaitez faire partie de la conférence qui sera organisée par Resulam à ce sujet.

Lien de l'enquête :

https://forms.gle/TYWjFdqxk4dTSPNV9

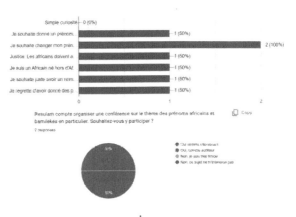

Table des matières

Préface / Mbhìghɔ̀ɔ̀

À l'entame de ce livre, nous vous proposons ce cours dialogue entre deux familles inconnues assises côte à côte dans un vol à destination de Paris :

- Salut Monsieur, comment allez-vous ?

- Très bien et vous ?

- Je vais bien Merci. Comment vous vous appelez ?

- Charles Legrand. Et vous ?

- Jean Pierre Gustave

- Et votre fille ?

- Angeline

- Et votre femme ?

- Emilienne. Et votre garçon, comment s'appelle-t-il ?

- Christophe Magellan

À votre avis, de quelle nationalité étaient ces deux familles ? Vous avez bien deviné. Familles françaises ? Belges ? Canadiennes ? Ou peut-être Suisse ? Eh bien, c'était bel et bien des Africains à la peau noire. La culture africaine est prise en otage dans tous les aspects : linguistique, vestimentaire, culinaire, religieux, et même jusqu'à notre essence vitale, notre nom! Le nom est le tout premier élément qui nous définit; en effet, il est chargé d'un pouvoir cosmique et surnaturel qui nous connecte à la nature et façonne notre être, notre existence. Quand celui-ci est bien choisis, il nous dirige et nous recadre tout au long de notre vie. Vous posez-vous souvent la question à savoir pourquoi les esclavagistes donnaient-il de nouveaux noms aux esclaves ? Et pourquoi certains esclaves tels que Kunta Kinte étaient prêts à donner leur vie afin de conserver leur nom ? Le nom est une vibration sonore chargée d'onde, qui recharge le porteur du nom. C'est la raison pour laquelle chaque individu aime écouter prononcer son nom, car c'est une marque d'attention et d'affection. Lorsque quelqu'un retient votre nom, et le prononce correctement, cela satisfait votre Moi. Par contre, quand votre nom est écorché, vous le revendiquez immédiatement. Quand un enseignant rencontre un de ses anciens élèves et se souvient de son nom, c'est une marque d'affection pour ce dernier, car la vibration sonore, l'onde anthroponymique émise est chargée de particules qui vont aller ramollir l'âme du récepteur. Chaque être aurait aimé porter un nom qui l'identifie de manière unique. C'est la raison pour laquelle nous contraignons notre esprit, même de manière inconsciente, à donner un traitement de faveur à tous nos homonymes, c'est-à-dire à toutes les personnes qui portent le même nom que nous. Le nom, de manière implicite ou explicite, gouverne nos actions. Mon père s'appelle <u>Nùpá'mbāhwèn Zhìāndə̀ə̀</u> (Noupambeuwen Djiadeu). De mes souvenirs d'enfance, il n'a jamais manifesté ouvertement sa colère, jusqu'à nos jours. Très curieux de ce phénomène plutôt rare, je lui demandai un jour, en ma langue maternelle le fè'éfě'è (Nùfì) :

- <u>Mbā' ō, ŏ ngǘ kwà' mà lāhā tá ó là mānjā'nthū</u> ? : Papa, comment arrives-tu à ne jamais te fâcher ?

- <u>Mēn à, sə̀ə̄wèn sī ntám ngwè' lè mà à sǐ' njā'nthū bā</u> : Mon fils, il n'existe personne dans ce monde qui ne se fâche pas. <u>Ngǎ mbā tà njā'nthū, ncēh zēn zǎ ncām ntāā, yāā pūāsī nthū ā</u> : Lorsque je me fâche, je prononce mon nom trois fois, et ça calme mon esprit.

C'est alors que je me suis rappelé de la signification de son nom, <u>Nùpá'mbāhwèn</u> (Noupambeuwen) qui signifie, « *que rien n'énerve quelqu'un* ». <u>Nù</u> : évènement, problèmes; <u>pá'</u> : impératif négatif; <u>mbāh</u> : énerver, <u>wèn</u> : quelqu'un. Cet exemple est un exemple parmi tant d'autres, et nous espérons recevoir en commentaire vos propres expériences par rapport à l'influence du nom sur votre vie ou sur la vie de vos proches. L'impact du nom sur le porteur du nom est un constat universel. Cette notion ne dépend ni de la race, ni de l'ethnie, ni de la tribu. Chaque peuple au monde nomme ses enfants dans l'objectif de perpétuer la ligné familiale, ou d'orienter la destinée de l'enfant. En effet, l'action de nommer un enfant est la plus lourde responsabilité prophétique du monde. Un constat reste cependant criard : Les Africains sont la seule race au monde qui porte les noms empruntés aux autres races, et qui plus renie ses propres noms à l'avantage regrettable des noms et prénoms étrangers. Voici une autre histoire qui va vous permettre de comprendre à quel point nous avons été conditionnés à mépriser et à rejeter tout ce qui vient de nous-même. Lorsque ma deuxième fille est arrivée au monde, j'avais hâte de corriger l'erreur commise par rapport au prénom de sa sœur ainée. J'avais hâte de me rattraper. Pour ce faire, je lui ai donné le nom Shwīnāò (Shwinao) qui signifie *persévère* en langue Fè'éfě'è (Nùfī). Lorsque ma mère m'appelle, après avoir manifesté sa joie pour sa nouvelle petite-fille, elle me pose la question en langue Fè'éfě'è (Nùfī) :

- Zén móó má wā : Quel est le nom de l'enfant ?

- Zén móó má Kǎmbū' Nkwèèmōō : L'enfant s'appelle Kambu Kwemo

- **Zén ndāk** zǐ mā wā : Et quel est son **nom du Blanc** ?

- Māvǒ, mēn ǎ má Ndák ? : Maman, mon enfant est une Blanche ?

Ma mère garda environ soixante secondes de silence jusqu'au moment où je lui demande :

- Māvǒ, ò yǎt sīē é : Maman, tu es encore là ?

C'est en ce moment que ma mère réalisa la plus grosse supercherie. Je venais de la désarmer, ainsi que toute la clique de personnes qui me demandaient de ne pas maudire mon enfant avec des prénoms que personne ne saura prononcer en dehors du cercle familial. D'autre encore dans la famille disaient :

- <u>Ǎ sí nzā tà wū tōh tú ì</u> : Il [en parlant de moi] a mis long à l'extérieur au point d'être dément.

- <u>Ǎ sí Kòrēà sì' sǐ tà nhā zēn yàá mbí mēn yòh</u> : Il a tellement vécu en Corée qu'il a fini par donner leur nom à notre enfant.

En effet, Shwinao a par coïncidence une consonnance fortement asiatique. Quelque chose d'encore plus curieux, la plupart des gens qui savaient pourtant bien parler la langue maternelle n'arrivaient pas à retenir ce nom, parce qu'ils s'efforçaient à le prononcer plutôt en français, au lieu de le prononcer carrément en langue maternelle. Heureusement, à l'heure où nous écrivons ce livre, son prénom Shwinao est très bien prononcé dans toutes les écoles américaines.

Il est écœurant de constater que dans la plupart des médias africains en général, et camerounais en particulier, les journalistes adressent les gens par leur prénom, tel que : « M. Rodrigue, Mme Angeline, Mlle Carole, etc. ». Quand nous grandissions, nous savions que les <u>zéndāk</u> ou <u>lên</u> <u>mə̀kād</u> (litt., nom du Blanc, terme désignant prénom en langue fè'éfě'è et en langue mə̀dûmbɑ̀) étaient des noms de prestige, des noms élogieux. À l'école, nous préférions nous faire appeler par nos *noms du Blanc,* au détriment de nos patronymes ancestraux. C'était une insulte ou un manque de considération quand un proche ami vous appelait par votre nom ancestral. Je me rappelle que mes Camarades m'appelaient "Rodrigue" en ma présence, et "Tchamna" en mon absence, car se disaient-ils, ça m'énerverait d'être appelé par mon patronyme, et ils avaient raison à l'époque. Après avoir compris la valeur profonde de ce nom Cămnà' (Tchamna, de càm : *secret*, et nà' : *entente secrète*), qui se traduit par *secret, réunion secrète pour construire le monde,* ou encore par *réfléchir deux fois avant d'agir.* Depuis que j'ai compris et ai intégré la signification de mon nom, cela m'accompagne dans toutes mes décisions et je me sens spirituellement plus équilibré.

La renaissance africaine ne pourra jamais être achevée lorsque nous ne sommes que des copies ou photocopies de l'autre. Se désigner par des *noms de Blanc* nous infériorise, nous infantilise, et nous esclavagise d'avantage. Donner ces prénoms des Blancs à nos enfants les prédestine à tourner le dos à leur valeurs ancestrales.

D'autre part, la langue maternelle est l'essence de tout peuple. La vraie version de l'histoire d'un peuple ou d'un lieu ne peut être racontée intégralement et en termes véridiques, qu'en la langue mère de ce peuple ou de ce lieu. Le nom **Bidzanga**, n'a de sens ni de valeur que dans la langue Eton parlée au centre Cameroun chez les peuples Etons. Il signifie « manière ». En outre, ce nom présente une personne qui se comporte avec élégance, charisme, frime et même avec vantardise etc… hors du contexte de la langue Eton, ce nom perd son charme, et c'est normal ! De même, le nom **Martinez** ne signifie rien en swahili, Djeukoua, Tchiaffi, Moukoko ou même Mawambe ne veulent rien dire de concret en

Espagnol, pourtant ces noms ont des valeurs profondes dans les langues auxquelles ils appartiennent. C'est ainsi que le nom **Martinez** signifie en espagnole le fils de Martin. En effet, le suffixe **ez** signifie **enfant de**.

Ce parallèle utilisé vient démontrer à quel point il est moins sage de s'approprier des noms dont les origines sont inconnues.

Restons dans l'univers linguistique, Thomas Sankara décida d'appeler son pays « Burkina Faso » au lieu de « Haute volta » ensuite il décida que les habitants de son pays s'appelleront Burkinabè et non burkinabais comme les regards coloniaux l'auraient entrevue. En effet ce nom est constitué de deux langues nationales Burkinabès : 1) **Burkina** qui signifie en langue Moré « intégrité, honneur » et

2) **Faso** qui signifie « terre, patrie, ou même territoire » en langue Dioula; ce qui au final se traduit comme « Pays des Hommes Intègres » on voit sans brouillard là, l'importance de la langue dans la préservation de la valeur culturel… Ce nom par contre ne peut signifier que du bruit à l'écoute, si l'on s'y investi par une autre langue. Les gouvernements d'Afrique de la même manière devraient protéger le patrimoine anthroponymique à travers de telles idées.

La célèbre actrice de cinéma et de théâtre, la camerounaise **Massan À Biroko** alias « Bertha la folle » se fait remarquer par son nom et suscite des questions multiples à une époque où les prénoms empruntés gisent de partout. Elle ne s'est jamais présentée avec sa pré-nomination étrangère, pourtant des sources affirment qu'elle en avait, celle-ci soutien tout haut son nom original car elle se voit à l'image de l'Afrique et ne fait jamais allusion à un quelconque nom étrangers. Massan À Biroko signifie : « Massan, fille de Biroko » sans chercher à connaître la signification des deux autres mots rien que cet alliage artistique ébahi à première lecture.

Dans le même sillage, dans une émission intitulée « *Héritage* », diffusée sur la chaîne *Regard d'Afrique TV*, sous le thème : *« le problème de la dévalorisation de la culture Africaine » ;* le patriarche et acteur culturel, **Dr Bingono Bingono** est reçu et le journaliste et communicateur *William Leubou* lui pose la question suivante : Pourquoi on vous appelle Bingono Bingono alors que vous avez un prénom que vous n'aimez pas du tout mettre avant ?

Il répond : « […] tu m'amènes là, à dire un petit exposé sur l'onomastique, l'onomastique c'est la science, c'est la technique c'est tout ce qui se rapporte au nom. Et bien le fondement de la religion Africaine stipule que chaque individu est directement connecté au créateur suprême mais, à travers le récitatif généalogique, à travers nos noms ; alors quand on m'appelle par Bingono ou secoue l'égrégore de tous mes ancêtres qui ont porté ce nom là des siècles avant moi et je me mets en connexion avec le très haut. Quand en revanche on appelle un Africain par sa pré-nomination par son prénom parce que nous disons que nous avons été « Christianisés, évangélisés », on détache cet

Africain de l'égrégore de ses ancêtres pour l'installer dans celle de ceux dont il porte le nom. Alors au moment de mourir, si je te posais la question, maintenant, tu aimerais regagner quel paradis ? Celui de tes ancêtres ou celui d'Isaac, Jacob, et Joseph ? [•••] Chacun aimerait regagner le territoire de ses parents, là où il connaît ceux avec qui il va passer du temps. Nul n'aimerait se retrouver en terre étrangère parmi des inconnus; donc, je réponds simplement à ta question en disant : Je voudrais conserver le lien avec mon ancestralité, c'est pour cela que j'exige qu'on m'appelle par mon patronyme qui est Bingono Bingono et qui signifie : Bingono, fils de Bingono.

Nombreux sont les esprits éveillés et réveillés qui perçoivent de nos jours le vaste potentiel anthroponymique riche de l'Afrique, qui s'y attachent comme les racines de ce bouquin, et qui comprennent que nous ne devons dans aucun cas prendre pour acquis ou innés ce qui nous a été imposé avec le temps. Le seul apanage dont on peut se réjouir, c'est notre richesse culturelle, nos valeurs ancestrales.

Avant-Propos

Le docteur ~~Rodrigue~~ Tchamna, fondateur de l'organisation non gouvernementale dont le nom est **Resulam** entendons là « résurrection des langues maternelles ancestrales » est à la source, l'initiateur de cet ouvrage qui devait se jouxter à la kyrielle de ses travaux en matière des langues Africaines en générale et de la langue fe'éfě'e en particulier.

En effet, ce livre n'allait être pour lui qu'un essaim de noms Africains en langues fe'éfě'e dans le but trivial de redorer la stature des anthroponymes Africains dont la valeur et l'utilisation concrète perd progressivement en point, et vue la forte demande en nom que les Noirs et les Bamilékés d'ici et de la diaspora lui soumettaient incessamment à la naissance de

1

leurs enfants, parce qu'ils étaient en manque de nom, dans l'ignorance même des sens du nom etc. Alors il a voulu écrire un recueil de noms avec signification pour éponger tout cela d'une seule main. C'est ainsi qu'en 2015 il lança un appel ouvert à tous les adeptes de la langue fe'éfě'e et surtout de la culture Africaine, les invitants à lui proposer des noms, leurs sens et significations en ladite langue afin qu'il les ajoute aux autres noms conçus par lui-même ; nombreux sont ceux qui y ont répondu valablement en envoyant leurs idées profondes mais, il fut trop pris par d'autres ouvrages encore plus instants (qui remplissent aujourd'hui les présentoirs de **resulam**). Il finit par faire une pause sur l'écriture de ce document.

C'est cinq ans après c'est-à-dire en 2020, que l'esprit de cet ouvrage se réveille finalement lorsque le professeur Achille Emo partage une partie de l'annonce qu'avait fait le Docteur R. Tchamna cinq ans plus tôt et là, je suis tombé dessus et j'ai très vite envoyé ma participation après une longue période de recherches approfondies, celle-ci fut acceptée et appréciée et par la suite le docteur Tchamna fut incité à terminer ce livre qu'il avait mis en attente depuis près d'un lustre, il a donc décidé d'organiser les activités afin que cet œuvre puisse enfin voir le jour, mais ceci avec une vision plus ouverte et mieux méthodique de manière à ce que ce livre soit pour ses lecteurs, un « essais sociologique » qui traite un problème urgent de cette ère : Celui de la valeur et de

3

l'importance des noms Africains pour les Africains, loin des prénoms étrangers « imposés » qui semblent aujourd'hui être simplement empruntés.

Investi longtemps avant dans une quête culturelle et linguistique incoercible et œuvrant en tant que « acteur culturel » dans des médias radiophoniques et la presse, pour moi, cet ouvrage se dressait en droite ligne avec mes visions et convictions alors l'engagement fut pris de toutes les forces de l'énergie créatrice aux ancêtres.

Voilà comment nos travaux ont commencé et fut organisés sur de nombreuses recherches allant du couloir d'internet aux livres, archives, enquêtes sociales etc. pour parvenir à lever le lièvre, d'une présentation de ce sujet nouveau, parce que très rarement soulevé mais vieux, parce qu'il existe depuis longtemps.

Aujourd'hui ce livre ne servira pas qu'à donner les noms mais de comprendre le problème de la carence en noms, de parcourir ses contours, de situer les réflexions sur ce sujet, de choisir sa démarche : Celle de se retourner vers ses origines anthroponymiques et enfin d'avoir de noms originaux en langue fe'éfě'e biens orientés que chacun des Africains pourrait copier et transcrire dans sa langue maternelle ancestrale ; là, on se limite aux bas mots.

1. Introduction / Ghɜ̀ɜ̄cō

Le nom est la partie visible du Moi. C'est la chose la plus invoquée pour faire référence à vous. En effet, sans nom, vous n'existez pas ! L'un des objectifs de tout être humain est de marquer sa présence dans le monde terrestre. Et cela se fait à travers quoi ? Vous nous direz certainement des œuvres et bienfaits. Mais en fin de compte, les œuvres sont généralement juste un prétexte pour graver le nom comme empreintes dans le monde.

Dans la culture africaine authentique, le nom n'est pas juste un mot banal, mais une particule chargée de pouvoir et d'énergie qui réveille, consciemment ou non, le porteur du nom, chaque fois qu'on l'évoque. L'anthroponymie est donc une notion sacrée. Malheureusement, on constate que de nos jours, certains africains abandonnent les principes anthroponymiques établis par leurs ancêtres, et donnent des noms étrangers à leurs enfants, par acculturation ou par mimétismes. Des prénoms fantaisistes sont souvent donnés à nos précieux enfants, sans se soucier de la signification. Des noms pour la plupart du temps imprononçables par les grands-parents et les ascendants de l'enfant, début de la rupture de l'affection familiale. Quand les enfants grandissent, les plus curieux vont fouiller la signification de leur nom. Les chanceux dont le prénom étranger a une bonne signification sont heureux, et s'efforcent à s'y plaire, et les malchanceux, après avoir découvert que leur prénom est dépourvu de sens, se sentent mal, et les plus courageux vont changer carrément leur prénom. Le nom chez l'africain est directement lié à son être, à son essence, et sert à écrire toute une histoire. Aucun nom ici n'est donné fortuitement. Le nom est une richesse philosophico-culturelle.

La pratique du prénom telle que connue aujourd'hui ne voit le jour qu'après l'invasion occidentale. Avant cette période, nous n'avions qu'un seul nom de naissance (**zēn | lēn** : nom, **zénzī | lênbwə̄** : nom de naissance, **zénlā' | lênlā'** : nom du village, **kŏ'zēn | kŏ'lēn** : nom authentique). À côté de ce nom, nous avions plusieurs autres types de noms pleins de significations, contrairement à ces simples prénoms importés et imposés (*noms de Blanc* ou **zéndāk),** dont le porteur du nom ne s'y reconnait généralement pas. Pour mieux marteler l'effet dévastateur de ces *noms de Blanc* qui nous avait été imposés par le fouet, nous lui attribuons désormais la dénomination **zénpù'** : littéralement, nom d'esclave, au lieu de **zéndāk | lên mɜkālɔ** comme on l'appelle dans les langues camerounaises jusqu'à présent. Ces **zénpù'** (noms d'esclaves) qui nous avaient été imposés lors de l'esclavage était la première stratégie pour nous éloigner de notre racine et de notre essence afin de nous rendre amnésique, puis de nous zombifier et nous téléguider tel des robots. Ils ont contribué à détruire entièrement le système anthroponymique de l'Africain qui se croit aujourd'hui obligé de lier à son nom un prénom d'emprunt. Avec le temps, ces prénoms se sont bien établis dans nos mœurs tellement que ça devient une aberration pour certains africains de ne pas donner un **zéndāk | lên màkālā** a leurs enfants. Au contraire, donner un prénom typiquement africain à l'enfant devient contre-nature. Véritable syndrome de Stockholm ! L'importation de ces noms étrangers annihile complètement le system établi par nos ancêtres. En effet, ces *noms de Blanc* font obstruction aux noms élogieux Bamiléké. Chez les Bamilékés, en dehors du nom de naissance, il existe d'autre types de noms de louange et de glorification : Les <u>éloges</u> ou <u>noms élogieux</u> (**ndàà | ndàb** : louange, compliment), des <u>titres de noblesse</u> (**zénkām | lênkām** : nom de notable). En plus de tous ces noms déjà cité plus haut, un enfant pouvait aussi porter des <u>surnoms</u> (**păhzēn | băglēn** : nom facette) et parfois des sobriquets

10

ou petits-noms (**zéntùà, zéngūā, zénjù'** : nom de vantardise).

Ce phénomène de noms multiples n'est pas propre aux Bamilékés, mais à la plupart des tributs en Afrique. Chez les Sereer du Sénégal par exemple, tout individu reçoit, au cours de sa vie environ quatre noms. Le premier nom est reçu à la naissance ; le huitième jour, le bébé reçoit un nom homonyme *(tunde)* et plus tard, un troisième nom, choisi dans le répertoire catholique ou musulman ; par la suite, un quatrième nom peut lui être attribué : celui de l'ancêtre venu se réincarner en l'enfant [1, 2].

On emprunte que ce qu'on n'a pas ! Il n'est donc pas question qu'avec la multitude de noms que nous offre gracieusement la culture africaine, que nous allions encore nous encombrer des noms venus d'ailleurs ! Les enfants qui portent des noms étrangers à leur culture, se sentent toujours étrangers dans leur propre espace culturel. Cette hybridité anthroponymique a de réelles conséquences sur son porteur. Elle crée dans l'esprit de celui-ci un sentiment de bipolarité.

Cet ouvrage est un cri, une sonnette d'alarme, un dernier rachat pour les Africains d'enfin sortir de la torpeur, de la léthargie. C'est un anti-amnésique, une potion que nous espérons réveillera notre peuple de leur anesthésie, de leur hypnose. Nous avons une forte conviction que d'ici une dizaine d'année, l'effet de ce livre sera visible à travers le nombre d'enfants qui porteront un prénom africain, et aussi ceux qui iront carrément changer leur *nom de Blanc* qu'ils portent actuellement, leur zénpù'. Que vive la révolution anthroponymique africaine, pour une Afrique repurifiée et fière de son ipséité culturelle !

2. Genèse du désamour des anthroponymes Africains

Avant de résoudre un problème, il faut d'abord le comprendre. Soigner une maladie sans en connaitre la cause est un effort vain. Comprendre l'origine d'un problème c'est déjà le résoudre à moitié. Dans ce chapitre nous présenterons la racine du désamour des prénoms africains.

2.1. Esclavage, colonisation et religion.

Pourquoi les Africains n'aiment plus leurs noms ? Pourquoi l'adoption d'un prénom emprunté parait normale et semble avoir plus de la valeur pour certains africains de nos jours, au détriment des anthroponymes ancestraux ? La compréhension est simple ! Nous avons subi un décervelage, un lavage de cerveau infligé par le NDEM (Néfaste Double Evènement Malheureux) : Esclavage et la colonisation. Ce terme NDEM a été savamment créé de toute pièce dans ce livre pour rimer avec le même mot dans les langues camerounaises. En effet, au Cameroun, quand on dit que vous êtes dans le *ndem* ça veut dire que vous êtes dans les ennuis.

La première arme d'aliénation d'un être humain c'est de le priver de son nom et de sa langue. En effet, qui n'a pas de nom n'existe pas, et qui porte un nom d'esclave est un esclave. C'est pour cette raison que la première stratégie pour décerveler les esclaves et les rendre amnésique était de les déposséder de leur nom et de leur langue maternelle ancestrale. Tout objet n'existe pas tant qu'il n'est pas nommé. Une assiette n'existe que parce qu'elle possède un nom. Quand on vous enlève votre nom, vous devenez des zombies.

Mensah révèle comment les administrateurs britanniques d'Old Calabar (Duke Town), au Nigeria, refusaient de reconnaître les noms autochtones du groupe ethnique Efik. Ils procédaient à l'anglicisation forcée des noms des autochtones. Par exemple, des noms comme Okon devenait Hogan, Orok devenait Duke et Abasi devenait Bassey [3]. Pour mieux marquer cette dépossession anthroponymique, nous vous invitons à regarder ou revisiter le film *Racines (en anglais roots),* dont le personnage principal *Kunta Kinte*, un captif très tenace et insoumis résiste de porter le prénom *Tobi* au détriment de son jolie nom ancestral chargé d'énergie, *Kunta*. Sous le poids d'une torture infernale, le pauvre finira par succomber et se laissera appeler *Tobi*, sous le regard hagard, effaré et décontenancé des autres esclaves qui n'avaient pas jugé utile de subir un pareil supplice. D'après vous, qu'y avait-t-il de si précieux dans ce nom *Kunta* à telle enseigne qu'il accepte subir ce morbide tourment ? Cela nous interroge !

Comme si cela ne suffisait pas, les esclaves étaient parfois renommés à plusieurs reprises, selon son nouveau maitre, ce qui les déboussolait. On appelait parfois un esclave à plusieurs reprises avant qu'il ne se rende compte que c'est de lui qu'il s'agit. Cet extrait tiré de la biographie d'un ancien esclave, Olaudah Equiano, illustre très bien le phénomène de

multiples dénominations des esclaves : «
Pendant quelques semaines je fus employé à
désherber et à désempierrer une plantation [...]
là on <u>m'appelait Jacob</u>, mais à bord du Senau
'African' on <u>m'appelait Michel</u>. Un jour, le
capitaine d'un bateau de commerce [...]
m'acheta [...] il avait l'intention de m'offrir à
des amis à lui en Angleterre [...] Le temps que
j'étais à bord, mon maître me donna le nom de
<u>Gustave Vasa</u>. »[4]

Après le NDEM, les religions importées ont pris
le relais. Pour être chrétien par exemple, il faut
passer par le baptême, qui est synonyme
d'acquérir un nouveau nom dit chrétien. Ce
phénomène d'aliénation n'affecte pas seulement
le bas peuple, il atteint aussi nos rois, qui sont
supposés incarner la tradition. La première

stratégie consistait à mépriser et dénigrer nos valeurs et patrimoines culturels. C'est ainsi que certains termes comme « Bush name » ont été créés pour désigner le nom des autochtones dans certaines régions de L'Afrique de l'ouest, afin de rendre coupable les porteurs des noms à consonance africaines. À ce propos, **B. HOLAS** nous fait savoir que, dans les zones d'influence anglo-saxonne en Sierra Leone, et surtout au Libéria, s'est établi depuis de longues années, l'habitude d'adopter un nom de famille anglais et parfois hollandais ou portugais. C'est ce qu'on appelle alors *civilized name*, *« nom civilisé »* *[5]*.

2.2. Mondialisation

La mondialisation et le métissage culturel serait-ce la cause de l'éloignement des africains de

19

leur patrimoine culturel ? Le monde s'est virtuellement réduit en un village planétaire. On observe des brassages et métissages culturels, donc a priori, on serait tenté à être d'accord qu'il n'y a aucun problème de métissage anthroponymique.

Cependant, on constate malheureusement que les Africains sont les seuls peuples au monde qui emprunte des noms ! Aucun Européen ne s'appelle Kămga', Nŭmbísīē, Atangana, Njeba, Ngămi. Les Occidentaux ont tout pris en Afrique : La Science, La Philosophie, l'Art, etc., sauf la spiritualité et les noms ! Les Chinois et les Asiatiques ont fait pareillement : copier la science et l'art mais, ne pas se défaire de son essence.

Nul n'a le droit d'effacer une page de l'histoire d'un peuple, car un peuple sans histoire est un monde sans âme (Alain Foka). Un peuple ignorant de son histoire est comme un arbre sans racines (Marcus Garvey). Un peuple qui oublie son passé n'a pas d'avenir (Winston Churchill). Toutes ces citations martèlent que l'élément existentiel d'un peuple c'est son histoire. *Cheik Anta Diop* dans **nation nègre et culture** affirmait à ce propos : *« modernisme n'est pas synonyme de rupture avec les sources vives du passé. Au contraire, qui dit modernisme dit intégration d'éléments nouveaux pour se mettre au niveau des autres peuples... » [6]*

2.3. Système scolaire et académique.

Le système scolaire et académique dans la plupart des pays africains est calqué sur celui de l'oppresseur. Il en va de soi des mœurs et mentalités. Dans le milieu scolaire au Cameroun, les élèves trouvent affectueux de s'appeler par les prénoms. Le patronyme ancestral n'est utilisé généralement que dans des cas très formels, ou entre des personnes qui ne sont pas amis. Toute cette aliénation qui se passe dans le milieu scolaire n'est qu'une extension de ce qui se passe à la maison. En effet, les noms baptismaux qui servent de prénom sont devenus des noms de louanges et de compliments, tandis que le nom ancestral est réservé pour des circonstances d'énervement. Les parents ne prononcent le nom ancestral que lorsqu'ils appellent l'enfant pour le réprimander.

Par conséquent, le nom de naissance de l'enfant, au lieu d'être un nom élogieux, est pour lui synonyme de danger, de peur, de frustration. D'où l'éloignement. Prononcer le nom de famille de quelqu'un est parfois considéré comme une attaque.

La promotion des anthroponymes ne se fait pas ressentir en Afrique. Même dans des livres écrits par les Africains pour les Africains, les auteurs n'utilisent pas des noms ancestraux pour désigner leurs personnages. C'est le cas des poètes et historiens qui présentent plus des prénoms étrangers à la place de leurs propres noms dans leurs ouvrages.

2.4. Système politique

Le système de l'état civil dans la plupart des pays africains est calqué sur celui du pays colonisateur. Tous les documents d'état civil : acte de naissance, acte de mariage, certificat de nationalité, acte de décès, etc. ne favorisent pas l'insertion des patronymes de l'enfant en utilisant l'alphabet de la langue maternel de ce dernier. Au contraire, l'officier d'état civil est toujours obligé d'user de toute son ingéniosité afin de transcrire en français ou en anglais le nom de l'enfant. Les langues romaines n'étant pas en mesure de transcrire les langues africaines, comme c'est le cas pour les langues bamilékés, on assiste à un massacre de nom lors de la transcription. Ainsi, les noms transcrits en français ne suggèrent même pas parfois la bonne prononciation dans la langue de l'enfant, et cela n'émeut personne. Le Dr Tchamna (Shck Cǎmnà') a suggéré l'établissement des actes d'état civil en langues ancestrales locales, en particulier, l'acte de naissance. Il propose qu'au recto, qu'on conserve l'écriture en langues étrangères comme c'est le cas actuel, et au verso, l'acte de naissance purement en langues ancestrales. Voir la Figure 1. L'adoption d'une telle réforme d'actes d'état civil encouragerait indubitablement les parents à concocter de jolie noms et prénoms en langues ancestrales africaines. Pour vous donner des exemples de déformations de nos noms dus à la transcription, prenons par exemple le nom **Mòōntừà'** qui est un nom populaire en langue fè'éfě'è. Sa transcription la plus commune est **Monthé**, qui suggère dans le contexte français l'étymologie *Mon thé.* Les enfants croiront dont que leurs ancêtres aimaient tellement le thé qu'ils ont donné le nom du thé à leur progéniture. Quelle aberration ! On remarque aussi que le précieux coup de glotte omniprésent dans les langues bamilékés disparait carrément lors de la transcription. Ce qui dénature complètement le nom. Nous exhortons les maires à prendre leur responsabilité devant l'histoire de l'humanité.

Ngə̀' Kàmèrûn
République du Cameroun
Pāhlō', Mbīēnàm
Region

Fhúlō' : Kôcā'
Arrondissement

Mbūāni - Mfò'-Nūlō'
Paix - Travail - Patrie
Fə̀fhúlō': Tūnkòò
Département

Nŏ' mbúá bā nzhwiàwènòk Fā'
Centre d'Etat Civil de

Ŋwa'nízī ntìmbhì 241/2014
Acte de Naissance No

Zén mōō: Mòòntùà' Nùpá'mbāhwèn
Nom de l'enfant

Lìē' : 10, Mūngà'nshi, 2014
Le

Zǔ'zì: Ndùāzī ndùākà' Ntēēnshūā
Lieu de naissance

Zén mōō: Mòòntùà' Nùpá'mbāhwèn
Nom de l'enfant

Tēnmōō : Mòōmànzhwiē
De sexe

Zén mbā' mōō : Sīēbānēōō Wènlà'zhī
Nom du père

Zén mā ā mōō : Nkà'pèè Mbūāni Sìbūnánu
Nom de la mère

Zǔ'sí mbā' pí mā: Nkwē'nzhi
Domicile des parents

Túmfā' mbā' ā mōō : Nzù'nùù pí nnàknōō
Profession du père

Túmfā' mā ā mōō : Nga'kà'
Profession de la

Tlē ná lìē' : 19, Mūngà'nshi, 2014
Dressé le

Ná ghàà : Ndùāzī ndùākà' Ntēēnshūā ntìmbhì 196/2014, lìē'nzū 10, Mūngà'nshi, 2014
Sur la déclaration de

Bàà wèn (pù) lá pēn má béé ŋwà'nì lē má ndéndēē
Lesquels ont certifié la sincérité de la présence
Sìīnkàp Nkà'zhī Ndōkàp

Pòh bā ŋwà' ŋwa'nì lè:
Etabli par nous

Ngàànù ndéndēē
Le Déclarant

Tiēpō nsâ' mfā' mbúá bā nzhwiàwènòk
Signature de l'Officier de l'Etat Civile

Figure 1. Exemplaire d'acte de naissance en langue Bamiléké - fè'éfě'è (nùfī)

2.5. La délégitimation des valeurs ancestrales africaines

Les envahisseurs de l'Afrique ont su très vite échafauder des stratégies pour vilipender, avilir et déshonorer tout ce que nous avions de si précieux : nos us et coutumes, nos noms, nos langues maternelles, notre alimentation, notre spiritualité, notre science, etc. nous pouvons illustrer ceci par les exemples ci-dessous :

- quand nous mangions des **ndùndām** (graines de la paix, jujubes africains), ils appelaient cela des gris ;
- quand nous invoquions et faisions références à nos ancêtres, ils appelaient cela le culte des cranes ;
- quand nous faisions notre science quantique, ils appelaient cela de la sorcellerie ;

- quand nous parlions nos langues maternelles, ils appelaient cela la langue des barbares, des analphabètes et des retardés non civilisés ;

Dans certaines colonies, des concepts étranges ont vu le jour tel que celui de « la langue des civilisés » ainsi ils ont proscrit à l'école, le dialogue en langue maternelle. Seules leurs langues étaient légitimes et avaient le droit d'être parlées. Des sources orales nous font savoir qu'à l'école, on avait instauré des stratégies pour obliger nos parents à parler et à réfléchir en français. Si on vous surprenait en train de parler votre langue maternelle, on vous dénonçait à l'instituteur, et pour vous humilier, on vous accrochait un crâne d'âne au cou dans la cour de récréation et vos camarades se moquaient de vous en disant que vous ne savez même pas parler la *langue des civilisés*. Ce phénomène était encore plus poussé dans le cas des langues bamilékés. En effet, lors des guerres d'indépendances du Cameroun (1955-1962), les Bamilékés étaient le groupe ethnique le plus "dissident" et révolutionnaire du Cameroun. Par conséquent, ils étaient les plus marginalisés par l'administration coloniale. Les parents bamilékés étaient donc obligés de dissimuler carrément leur identité autant que possible, et interdisaient la pratique de leur langue ancestrale non seulement à l'école, mais aussi à la maison. Par conséquences, les enfants bamilékés avaient hontes de parler leur langue maternelle en public, on en observe encore les séquelles jusqu'à nos jours.

Si aujourd'hui nous trouvons les noms étrangers très beaux, c'est à cause du simple fait que nous parlons leur langue depuis l'enfance, depuis l'école maternelle. Les premiers mots que la plupart des enfants prononcent de nos jours ne sont pas dans leur langue maternelle ! Ce qui rend difficile et ridicule la prononciation de nos propres noms dans nos langues maternelles. Un travail en amont doit être fait : éduquer nos enfants dans leur langue maternelle. S'ils parviennent à comprendre leur langue maternelle ancestrale, ils pourront apprécier la richesse enfouie dans leurs noms et prénoms africains. Les Camerounais pour la plupart, ne savent pas prononcer leur nom de famille dans leur langue maternelle, car ils se contentent juste de la version francisée de leur nom.

Exemple : Ghofo (Ghɔ̄ɔ̄ fɔ̀), **Tolale** (Ntē' là' lēē), **Kabiwe** (Ká mbí wā). Le prochain livre sera consacré à la transcription et explication des noms africains les plus populaires. Avant de clôturer cette section, il est capital de savoir que, dans la culture bamiléké, et dans certaines autres cultures africaines, les noms des aînés se prononcent avec respect et courtoisie. Comme dans la culture bamiléké, il est irrespectueux pour un cadet de prononcer de manière directe le nom de naissance d'un aîné la culture malgache par exemple.

Chez les malgaches, les surnoms sont plus communément utilisés que les noms, car selon leur philosophie, le nom étant le reflet du *vintana* (i.e. la destinée) d'une personne, le prononcer devant son propriétaire serait le dénigrer. La tâche d'attribuer un nom à un enfant chez les Malgaches n'incombe pas seulement la famille, mais aussi le *mpanandro* (devin), car seul celui-ci est en mesure de lire le *vintana* (destinée) d'une personne. [7]

Dans la culture Bamiléké-fè'éfĕ'è par exemple, pour pallier ce problème, une solution ingénieuse a été adoptée. Ainsi, pour appeler le nom d'un aîné avec respect, on tronque la dernière syllabe du nom qu'on remplace par la particule **wā,** qui tient lieu de *tonton* ou de *tata* qu'on met devant les prénoms occidentaux en guise de respect.

Exemples :

Deukam (Ndə̀ə̄nkām), Deugoue (Ndə̀ə̄ngwê)… s'appelleront respectueusement Deuwa (Ndə̀ə̀wā).

Tchamna (Cǎmnà'), Tchamgoue (Cǎmngwê)… s'appelleront respectueusement Tchamwa (Càmwā).

Ces principes ont été pris en otage par la culture des colons. De telle sorte qu'aujourd'hui, vous entendrez des gens appliquer ces règles de respect, pas sur les patronymes ancestraux, mais plutôt sur ces fameux noms de baptêmes chrétiens.

Exemples :

Cécile (Sèsīwā), Geneviève (Zhènèwā), Jeanne (Zhāwā), David (Ndàwā), Jean (Nzāŋwā), Pierre (Pìēwā), etc. Quelle absurdité !

3. Pour quelles raisons les africains donnent-ils des <u>zéndāk</u> (les noms du Blanc) à leur progéniture ?

Parmi les raisons pour lesquelles nos parents et les jeunes parents d'aujourd'hui préfèrent *les noms du Blanc* comme prénoms, on peut citer :

- L'héritage. En effet, notre génération a hérité de cette coutume selon laquelle on donne un nom traditionnel africain à l'enfant, et un zéndāk, *Nom du Blanc comme prénom*

- La consonnance. Les parents ont tendance à attribuer des noms "euphoniques" à leur enfant. Des noms qui sonnent bien à l'oreille disent-ils

- L'effet de mode. Il suffit qu'un artiste, une célébrité ou un politicien ait le vent en poupe pour que certains parents naïvement donnent son prénom à leur enfant.

- Le complexe d'infériorité. Pour certains parents, il est plus élégant d'appeler son enfant Richard que <u>Ngà'fừ'</u> (Nga'fu'), Soleil que <u>Záhnàm</u> (Zahnam), Gabriel au lieu de <u>Ngŭ'sīē</u> (Ngu'sie), Clément au lieu de <u>Mbūànìwèn</u> (Mbuaniwen).

- La dépossession linguistique et culturelle. La perte de prestige et de légitimité des langues africaines face aux langues coloniales a largement contribué à l'utilisation des prénoms étrangers dans nos sociétés. En effet, pour nommer un

36

enfant dans une langue, il faut d'abord la maitriser, car la langue est le substrat de l'identité culturelle. Il est frappant de constater que les langues africaines en générale, et camerounaises en particulier, sont non pas au bout du gouffre, mais au fond de celui-ci. L'Afrique fait face à un *linguicide (mort d'une langue)* global causé par un génocide linguistique sans précédent.

La plupart des camerounais par exemple ne savent pas compter de 1 à 10 en leur langue maternelle. Ceci est loin d'être une exagération ! N'eût été l'intervention de l'Organisation Resulam, Résurrection des Langues Maternelles Ancestrales (www.resulam.com), certains africains n'auraient même jamais su que leur langue maternelle ancestrale possédait une grammaire, une orthographe, et pouvait même être écrite. Si vous n'arrivez pas à exprimer les éléments de base de votre langue maternelle, comment espérez-vous nommer un enfant dans cette langue ? Il est dans ce cas très normal de trouver répugnant les noms provenant de cette langue. Il y a des gens qui découvrent pour la première fois qu'ils possèdent un ndàà | ndàb (nom élogieux) à cinquante ans ! Et c'est normal que lorsqu'on les appelle par ce nom de prestige, qu'ils se sentent indifférents.

Le système anthroponymique est depuis l'aube de l'humanité, l'art de construire et de définir la personne par le message enfouie dans son nom. Le choix du nom ou prénom d'un enfant est la responsabilité la plus lourde que l'on puisse avoir, car c'est toute la destinée de l'enfant qui est entre vos mains. Alors, mes chères futures mamans, mes chers futurs papas, prenez l'exercice de dénomination de votre futur enfant non seulement comme une fierté, mais surtout comme une opportunité de marquer le destin de cet enfant par vos souhaits et vœux que vous formulerez à travers son nom. Si un enfant est satisfait de son nom, il sera épanoui tout le long de sa vie terrestre. Dans le cas contraire, son nom sera un fardeau qu'il transportera lourdement à vie.

4. Les Types de Noms en Afrique

Le système de dénomination africain a été entièrement bouleversé sous l'influence du christianisme, de l'esclavage et de la colonisation, et il est temps de le restituer. Avant d'aller plus loin, il est bon de remarteler qu'en Afrique, on avait jadis un seul nom à la naissance. Les Égyptiens de l'Antiquité par exemple ne portaient généralement qu'un nom appelé **ren**. Il est curieux de retrouver le même mot pour désigner le nom en langue màdûmbà (medumba) **lēn**, et en fè'éfě'è (nùfì) **zēn**. Ce nom de naissance pouvait être affixé du nom de filiation, qui était souvent le nom de la mère de l'enfant. C'est le même principe qui se retrouve chez les Bamilékés. En effet, la famille Bamiléké étant par essence polygamique, pour distinguer les enfants d'un même père qui portaient le même nom (zēn | lēn), on affixait au nom de l'enfant le nom de sa mère. Exemple : si le nom d'un enfant est normalement Tchoko (Coko), et que le nom de sa mère est Kamadeu (Nkǎmāndə̀ə̀), l'enfant finira par s'appeler Tchokonkam, c'est-à-dire Tchoko, fils de Nkam qui est le dimunitif du nom de sa mère. Il en va de même avec les noms comme Monkam (Mòōnkām), Monthe (Mòōntừà'), Kamseu (Nkǎmsū'), etc. Ce livre n'étant pas un livre sur l'étymologie du nom, nous consacrerons l'étude détaillée des origines des noms à un autre ouvrage. Ce genre de système anthroponymique ancestral a complètement disparu de nos jours. Au Cameroun par exemple, le system anthroponymique actuel voudrait que l'on attribue un nom propre à l'enfant, puis son nom de famille (généralement le nom du père), puis un prénom chrétien ou musulman. **Exemple** : Djiadeu Leundeu Jean. Dans ce nom, Djiadeu est le nom de l'enfant, Leundeu, le nom du père de l'enfant, et Jean son prénom, qui est le nom d'un "Saint" Chrétien. Ce nom est aussi appelé le *nom de baptême [**Zén kónshì**]* de l'enfant. Malheur aux parents si dès la naissance, l'enfant ne porte pas un prénom chrétien, l'église la lui imposera lors du baptême de ce dernier, car pour l'église il serait aberrant de baptiser l'enfant sans lui donner un prénom des "Saints".

De manière générale, dans la plupart des cultures du monde, le nom sert soit à formuler un vœu pour celui qui le porte, soit à décrire la circonstance de sa venue au monde.

4.1. Anthroponyme de circonstance

Comme son nom l'indique, un nom de circonstance décrit la circonstance de la venue de l'enfant au monde. L'un des pays du monde les plus réputés pour les noms de circonstance, c'est Madagascar. En effet, dans la tradition malgache, le nom d'un enfant est un livre d'histoire. Il raconte l'histoire de celui ou celle qui le porte, et les circonstances de sa venue au monde.

Originellement, le nom malgache ne se transmettait pas de père en fils, chaque individu avait son nom propre à lui, qui reflétait soit sa circonstance de venue dans le monde, soit un vœu, soit le caractère de la personne. C'est pour cette raison qu'on ne nommait le nouveau-né que plusieurs semaines, mois, voire des années après la naissance de l'enfant. [7]. Les

Malgaches croient tellement à l'astrologie et au zodiaque, car le mois de naissance de l'enfant affecte énormément son destin. Les anthroponymes africains sont des points d'entrée importants dans la cosmologie et la cosmogonie africaines. C'est aussi un moyen de communication spirituelle entre l'être et les ancêtres [3, 8, 9].

Le nom d'un individu dépend du jour et du mois durant lequel il est né. Ceci définit son vintana (sa destinée). L'Alakaosy (Sagittaire, Novembre-Décembre), est le signe le plus redouté. En effet, les enfants qui naissent ce mois auraient une destinée exceptionnelle qui s'accomplirait au détriment de leurs proches. Le seul défaut que laisse entrevoir les noms de circonstances des Malgaches c'est sa longueur ! Les noms sont souvent kilométriques dû à la récitation du souhait entier qui guidera la vie de l'enfant. On a parfois des noms comme *Andriantsimitoviaminandriandehibe* qui signifie <u>le prince qui n'est pas semblable aux autres grands princes.</u> N'eut été la stratégie adoptée par les ancêtres Bamilékés, ce problème de longueur de nom existerait aussi chez eux. La stratégie consiste à adopter un diminutif pour chaque nom. Ex. Ngăpénmbísīē (je remercie le Seigneur) a pour dimunitif **Ngăpén**.

Chez les Bamilékés, le nom de circonstance peut être subdivisé comme suit :

1) les noms de misère (zéngūā' | Lêngə̄'). Ces noms se donnent lorsque les circonstances de naissance de l'enfant ont été douloureuses et traumatisantes ; par exemple, **Mà'ngwā'** *(litt., lancer et jeter | abandonner)* se donne

45

aux enfants dont l'un des parents est mort à sa naissance. **Ngǔ'nù** *(litt., l'année des problèmes)* se donne aux enfants qui sont nés dans une année pleine de calamités.

2) les noms clamant son innocence. **Pèènèhē** signifie par exemple haine inutile, haine sans raison. **Njòómbísiē** signifie par exemple se confesser à Dieu. La forme longue du nom est làh **mmá' Njòó mbí Sīē**. On dit aussi **làh mfīnjòò | Nə̀ fī njòm**.

3) les noms rappelant la saison de naissance de l'enfant. **Mbàkngòfāt** (litt., pluie du maïs) se donne aux enfants nés dans cette période (le mois de mars en pays Bamilékés).

4) les noms décrivant la manière avec laquelle l'enfant est sorti du ventre. **Shūūcwà'** (litt.,

tomber ou atterrir par un bruit resonnant cwà' !) désigne les enfants venus au monde par les pieds.

5) Les noms désignant les jumeaux et leur ainé et cadet direct. Les noms des jumeaux se terminent par le suffixe mānì (mani, ou meni) ; **Exemple** : **Còkŏmānì** (Tchokomeni), **Ngă'mānì** (Ngamani), **Mòōmānì** (Moumeni). Les cadets directs des jumeaux s'appellent **Nkăkmānì** (Kameni) et leur ainé **Mbàtkām** (Bakam, Batkam).

Dans d'autres pays d'Afrique, par exemple, chez les Baoulés en côte d'ivoire, on peut nommer l'enfant par rapport au jour de la semaine de naissance de l'enfant. C'est ainsi que les enfants nés les lundis (Kissie) s'appellent Kouassi pour les hommes, et Akissi pour les femmes. Voir le

Tableau 1 pour la liste des prénoms liés aux jours de la semaine en langue baoulé [10].

Tableau 1. Prénoms baoulés liés aux jours de la semaine.

Jour en français	Jour en baoulé	Prénom masculin	Prénom féminin
Lundi	Kisie / Tchissie	Kouassi	Akissi / Atchissie
Mardi	Jɔlɛ	Kouadio	Adjoua
Mercredi	Mlan	Kɔnan / Konan	Amlan / Amenan
Jeudi	We / woue	Kouakou	Awou / Ahou
Vendredi	Ya	Yao	Ya / Aya
Samedi	Foué	Kofi	Affoué
Dimanche	Mɔnnɛn	Kouamé / Kouamin	Amoin / Amou

En dehors de ces noms liés au jour de la semaine chez les baoulés, il existe aussi des noms liés au rang familial, des noms de circonstances et des noms de caresses [10]. Un

Tableau similaire au Tableau 1 existe aussi dans la culture Malgache. On distingue des prénoms masculins et féminins selon les mois (destins) de naissances [7]. Ce livre étant consacré aux prénoms bamilékés, nous ne souhaitons pas maintenir le suspense longtemps. Pour cette raison, nous n'allons pas faire le tour des dénominations chez tous les peuples Africains, mais en général, c'est le même principe. Chez les Yorubas par exemple, le nom du nouveau-né de sexe masculin était jadis révélé le septième jour après sa naissance, et le neuvième jour pour le nouveau-né de sexe féminin. Les Jumeaux chez les Yorubas s'appellent Tayé (pour le jumeau qui a vu le jour en premier lieu) et Kehindé (pour le deuxième). On retrouve aussi ici des noms de circonstance tels que **Abegunde** qui signifie « né un jour férié », Bejide : « née pendant la saison des pluies ». Le Tableau 2 présente les "Day Names", c'est-à-dire les pré(noms) Akan (Ashanti, Twi) du Ghana, liés aux noms des jours de la semaine. Grâce à ce Tableau, on peut prédire que le président Kwame Nkrumah était né un Samedi.

Tableau 2. Noms Akan par rapport aux jours de la semaine.

Jour de naissance	Prénom féminin	Prénom masculin
Lundi	Adjoa, Ajoba, Ejo	Kojo, Jojo, Kobie
Mardi	Abena, Abela, Araba	Kwabena, Kobena
Mercredi	Akua, Ekua, Kuukuwa	Kwaku, Kweku, Kuuku
Jeudi	Yaa, Yaayaa Yaaba,	Yao, Yaw, Yokow
Vendredi	Afi, Afia, Efua, Efie	Kofi, Fifi, Yoofi
Samedi	Amma, Awo	Kwame, Kwamena, Ato
Dimanche	Akosua, Kisi	Akwasi, Kwasi, Kwesi

En comparant le Tableau 1 et le Tableau 2, on constate que les noms liés aux jours de la semaine Baoulé reviennent de temps en temps dans la tradition Akan. Des noms comme Kofi, Ya, Yao, Adjoa, etc., sont présent chez les Baoulés et les Akan, preuve très flagrante de la parenté des deux Peuples. Chez les Igbo au Nigeria, une semaine a quatre jours (au lieu de huit jours chez les Bamilékés, et sept jours en Occident), correspondant aux jours de marché, appelé Market-Day : Èke, Oriè, Àfọ, et Nkwọ. Les nouveau-nés sont nommés en fonction de ces jours. On ajoute le préfixe Òko (le male) ou Ṁgbọ (la femelle) à ces jours de la semaine, dépendamment du sexe de l'enfant [11]. Le Tableau 3 montre les anthroponyme Igbo qui dépendent des jours de la semaine.

Tableau 3. Anthroponyme Igbo par rapport aux jours de la semaine.

Jour du marché	Prénom masculin	Prénom féminin
Èke	Òko Èke	M̀gbọ Èke
Oriè	Òko Oriè	M̀gbọ Oriè
Àfọ	Òko Àfọ	M̀gbọ Àfọ
Nkwọ	Òko Nkwọ	M̀gbọ Nkwọ

4.2. Anthroponyme Destin ou Nom-Messager

Contrairement aux noms de circonstance, les noms-messagers formulent des vœux et souhaits pour l'avenir du nouveau-né, c'est-à-dire les espoirs que les parents ont placés en leur progéniture. C'est un nom qui oriente l'avenir de l'enfant, et l'interpelle à toutes les étapes et circonstances de sa vie.

Les éléments clés qui reviennent le plus souvent dans la catégorie des *noms-destins africains* sont:

1) des noms théophores, c'est-à-dire des noms en rapport avec l'être suprême (**Nsī | Sīē | Mbōò** ou Dieu)

2) des noms en rapport avec la puissance, le pouvoir, et la royauté

3) des noms de bonheur : l'amour, la joie, la bénédiction, la vie

Les noms sous formes de promesses ou de messages sont souvent des pactes que l'on signe pour le porteur du nom sans son consentement. Par exemple un enfant qui s'appelle « *Nka'kwé'nca'* » ce qui signifie en fe'éfě'e « Je n'aime pas les problèmes » parait parfois lâche face aux situations de la vie, car son nom lui rappel à tout moment d'éviter tout ennui.

En Centrafrique dans la Tribu Gbaya dont la langue est aussi parlée à l'Est du Cameroun, la quasi-totalité des noms est laudatif et glorieux on peut retrouver des noms comme : *« Wessatamo : Soleil de réflexion ; ou Ngaïkosso : La force De Dieu ».* Voici des exemples de noms que nous avons dans nos cultures et qui d'après des témoignages de vie sont avérés efficaces. La liste des noms qui se trouvent vers la fin du livre en dira plus sur la constitution des noms de vœux.

4.3. Anthroponyme de Reprise ou Homonyme

Le principe de dation d'anthroponyme le plus courant chez les bamilékés consiste à attribuer au nouveau-né le nom d'un ancêtre non vivant, ou alors d'une personne vivante qu'on admire du fait de ses œuvres. En langue fè'éfě'è, on appelle alors l'enfant le **shwī'** (homonyme) de la personne. Dans d'autres langues bamilékés, on dira **kwī'**. Ce principe d'homonymie (**Nsíé wèn**) est le principe d'attribution du nom le plus fréquent chez les bamilékés. Il découle de l'envie d'honorer un membre de la famille ou un ami, l'envie de témoigner sa gratitude à un ancêtre, l'envie de rendre hommage, ou tout simplement l'envie de perpétuer un patronyme familial. Parfois, le père peut décider simplement de transmettre son nom entier à son enfant : on parle dans ce cas de patronyme, c'est-à-dire le nom de famille, le nom du père donné ensuite à l'enfant.

Le désir de rendre hommage aux personnes qui ont contribué dans la vie des parents les pousse à accoucher davantage, afin de satisfaire leurs bienfaiteurs. Vous entendrez de la bouche des parents des expressions telles que : « je n'ai pas encore accouché ma mère », et de la bouche de ceux qui réclament leur homonyme : « Ǹ jǎt màmbīā shwī' ā », c'est-à-dire, j'attends toujours mon homonyme.

4.4. Anthroponyme Théophore

De manière analogique aux anthroponymes homonyme de la sous-section précédente, on retrouve aussi dans la culture bamiléké des noms théophores, c'est-à-dire des noms qui font référence à un être suprême appelé **Nsī | Sīē, Mbōò | Mbôm, Ndə̄m**.

Ces noms théophores sont la preuve que les africains étaient déjà conscients de l'existence d'une Energie, d'une Force Suprême régissant le monde. Cette Force Supreme s'appelle dans d'autre culture Dieu. Dans la culture juive, les noms se terminant par le suffixe ou préfixe *el* sont pour la plupart des noms théophores d'origine hébraïque. **Exemples** : *Emmanuel* (Dieu est avec nous), *Samuel* (Nom de Dieu, Dieu a entendu), *Raphaël* (Dieu guérit), *Michaël* (qui est comme Dieu), *Israël* (Dieu est fort, Celui qui lutte avec Dieu), *Gabriel* (force de Dieu, ou Dieu est ma force), *Daniel* (Dieu est mon juge), élise (Dieu est mon serment), etc.

Parlant de ces noms théophaniques dans la culture bamilékés, Nwambe Siake Kweyap présente une de ces facettes dans son livre *Le*

Culte ancestral en Afrique : Le crâne chez les Bamiléké. [12]

Le Tableau 4 présente quelques exemples de noms théophores chez les bamilékés.

Tableau 4. Exemples de noms théophores dans les langues bamilékés

Sīē	Mbōò	Signification
Nŭmbísīē (Noubissi),	Nŭmbímbōò (Noubimbou) :	Tous les problèmes à Dieu
Njòómbísīē (Djoubissi)	Njòómbímbōò (Djoubissi)	Ma plaidoirie à Dieu
Mênsīē (Messi)	Mûsī (Moussi) :	L'enfant de Dieu
Sīèwèn (Siewé), Nsîmèn (Simen), Sîmò (Simo)	Mbōòwèn (Mbouwe), Mbômèn (Mboumen)	Le Dieu de quelqu'un

Sīēbánù (Sibenou)	Mbōòbánù (Mboubenou)	C'est seul sur Dieu qu'on peut compter
Sīēbáncə̄ə̄ (Siebetcheu)	Mbōòbáncə̄ə̄ (Mboubetcheu)	C'est Dieu qui a pitié.
Ndǎ'sīē (Ndasie)	Ndǎ'mbōò (Ndambou)	1. Seul Dieu (sait). 2. Le don de Dieu.
Pǒ'sīē (Posie)	Pǒ'mbōò (Pombou)	Le champignon de Dieu. L'ambroisie de Dieu.

4.5. Anthroponyme Elogieux et Glorieux

En dehors des noms acquis à la naissance et des surnoms (zéntùà, zénjà', zéngʉ̄ā), c'est-à-dire des noms fantaisistes, il existe une autre catégorie de noms de louange ; ce sont :

1) des noms élogieux (ndàà | ndàb : louanges), et

2) des noms glorieux (zénkām | lênkām; litt., nom de notabilité)

4.5.1. Noms élogieux

Les noms élogieux (ndàà | ndàb) sont des noms de louanges, de compliments et de flatteries. Bien que l'objectif principal des ndàà | ndàb soit de dorloter celui qui le porte, ils jouent aussi plusieurs autres fonctions. Ils peuvent servir à :

1) honorer le roi ; exemple : Mbālòknshì (Castor mythique), Nə̀ə̀sìmà' (Lion), Wūsìpè' | Jûkə̀bwɔ̀ (litt., mauvaise chose)

2) retracer les descendants direct de la lignée royale ; exemple : Ŋwâtmbèè

(Prince), Mīàfʉ̀ (Frère du roi), Mâfʉ̀
(Mère du roi)

3) louer et honorer des personnes spéciales
telles que les parents des *póónì*
(jumeaux) ; L'éloge des *póónì* est
Ngʉ̀à'ndʉ̄ā ; l'éloge des Táànì (père des
jumeaux) c'est Mbàtndʉ̄ā, et celui des
Mânì (mère des jumeaux) c'est
Ndʉ̀mbʉ́á ; un père qui a fait au moins
deux fois les jumeaux s'appelle Ténì /
Tə́nì ; les cadets direct des jumeaux
s'appellent Nkǎkmānì (Kameni), et leur
ainé direct Mbàtnkām. Voir le
Dictionnaire Nùfī Français sur Google
Play Store [13] et le livre conversation de
base en langue fe'efe'e [14] pour plus de

détails quant à l'étymologie de ces termes.

4) retracer le village d'origine de l'enfant, on parle alors de (ndàà lā' ; le nom élogieux du village) ; exemple, tous les hommes qui viennent du village Bakondji (Nkwě'nzhì) auront pour noms élogieux Ndì Nzhíá'kò, toutes les femmes du village Bana vont être louées par l'éloge Mânkwèè, les femmes Banka par Ngòò Lóóncōō, etc.

5) retracer le quartier d'origine de l'enfant ; exemple, tous les Nzāànzhừà' viennent du quartier Ntēènshừā à Bana, Nzāànzhừà' étant l'ancêtre éponyme

6) retracer le nom de métier des ancêtres de l'enfant ; exemple : **Táàləə̀** (litt., le père forgeron), **Ngòòāləə̀** (litt., la mère de la forge), **Nzûngwàà** (litt., le boucher du roi), **Ntâhnzāt** (litt., qui touche les excréments du doit), se dit de quelqu'un qui est prêt à se sacrifier pour la cause des autres.

7) Honorer de la même manière les gens dont le nom commence par une même syllabe ; ex. tous les natifs fe'efe'e dont le nom commence par Càm sont loués et complimentés par l'éloge Māngwâ'. Voir le Tableau 5 pour plus de détails.

4.5.2. Noms glorieux

Les noms glorieux (zenkam | lênkam; litt., nom de notabilité) quant à eux sont des noms acquis par meritocratie. Ce sont des distinctions honorifiques qui correspondent à des médailles du travail. On les appelle en langue bamileke zenkam (fe'efe'e) lênkam (mə̀dû̃mbà), tsǒkam (ghɔ̀mala'). Ces titres de notabilité sont attribués de manière directe par le roi lui-même, ou de manière indirecte via l'héritage des parents portant ce nom. L'étude des titres de notabilité étant hors de portée de ce livre, nous allons quand même vous donner quelque titre les plus populaires tel que : Mbû̃' : litt., qui soulève le monde, Nzâmbû̃' : litt., qui gagne le Mbû̃', Sɔ̀nzhwiè (diminutif, Sɔ̀) : litt., qui pique la panthère, Sâ'ndū̄' : litt., qui commande et combat, général d'armée.

A côté de ces titres de notabilité, il existe aussi des titres de guerre tels que **Nkà'ncò** : litt., celui qui planifie la guerre, **Nshừàncò** : vainqueur de guerre, **Mmà'ncò** : combattant, litt., lanceur de guerre, **Táàmà'ncò** : litt., le père lanceur de guerre, **Kə̌'ncò / Kwě'ncò** : litt., balle, munition de guerre, **Nkômbhìncò** : le capitaine, litt., celui qui prend la tête de la guerre, **Ngòōncò** : fille de guerre, **Kàhmāncò :** héros, héroïne, litt., celui ou celle qui crie pour motiver les guerriers.

Tableau 5. Ndààzēn éloges lié à certains types de noms dans la culture bamileke fè'éfě'è.

Ntūmbhì nkhǔzēn	Fôhnì Zēn	Ndàà
Cǎm...	Cǎmnà', Cǎmngwê etc.	Māngwâ'
Cīē...	Cīēncə̄ə̄, Cīēnkām, etc.	Sìkà'
Còkǒ...	Còkǒntừà', Còkǒnkām, etc.	Mācā', Cōkừ
Hā...	Hāāpìì, Hāākwà, Hāālừā',	Tīndừā'

	etc.	
Lə́ə́...	Lə́ə́ndə̀ə̀, Lə́ə́fá', Lə́ə́nà'	Póónzhwìè
Mòō...	Mòōntừà', Mòōngwê, etc.	Yòkngwáá
Ndə̀ə̄...	Ndə̀ə̄nkām, Ndə̀ə̄ngwê, etc.	Ntû'ndə̄', Ntû'ndə̀ə̀
Ngǎ'...	Ngǎ'ngòm, Ngǎ'kò, Ngǎ'lɯ̄ā', etc.	Ndɯ̄à'lā'
Ngə̀ə̄...	Ngə̀ə̄mālɯ̄ā', Ngə̀ə̄nkām, etc.	Njâ'
Nĭ...	Nĭncə̄ə̄	Ngwâ'lā'
Njə̄ə̄	Njə̄ə̄mōō, Njə̄ə̄ngà'	Mālū'
Nkăm...	Nkămngà', Nkămnsɯ̄', etc.	Ngâ'nzhì
Nzhừā'...	Nzhừāngwê, Nzhừā'nà'	Nkà'ncò
Sīē...	Sīēwèn, Sīēbáncə̄ə̄	Sɔ̀
Wă'...	**Wă'**nzhīē, **Wă'**hā, etc.	Ncô', Ncŏ'nzhɯ̄ā'
Yám...	**Yám**ngà', **Yám**nzhừà', etc.	Ndókncò
Yīī...	Yīītāmbēn	Sɔ̀
Yó...	Yósā'	Mēnkwà'
Zīī...	Zíímə̀	Māngā'

5. Le Pouvoir et L'influence du Nom, sur son Porteur

5.1. Nom comme quatrième dimension ontologique

Le nom, prénom, ou surnom a une influence sur la vie du porteur. Le nom nous suit partout et forge notre existence sans que nous ne nous rendions même compte, car tout se passe de manière sournoise. Le nom est la partie visible du Moi. C'est grâce au nom qu'on existe. C'est la chose la plus invoquée pour faire référence à vous. Notre nom est prononcé chaque fois qu'on veut s'adresser à nous, et ces multiples invocations finissent par forger notre personnalité. En effet, un enfant qu'on appelle **Shwīnāo** (*persévère*), ne baissera jamais les bras quel que soit les difficultés. En effet, son nom le rappellera toujours à l'ordre !

« Mon nom, tout comme mon corps, c'est moi ! Le nom, c'est le moi social, le moi relationnel : l'être reconnu, appelé, désigné, cité, loué ou dénigré, béni ou maudit, célébré et chanté... » Ainsi écrit **Jacques Fédry** dans son article *le nom c'est l'homme* [15]. Le nom n'est pas un mot banal ! Les anthropologues et philosophes ont longtemps défini les composantes ontologiques de la vie de l'homme par la dualité corps et âme. Certains anthropologues comme Michel Fromaget y ont ajouté une troisième couche ontologique : l'Esprit. C'est ainsi que naît l'anthropologie ternaire. Nous dans ce livre, nous ajoutons une quatrième dimension ontologique : le nom. En effet, le nom est un mot chargé d'énergie potentiel, qu'il faut juste transformer en énergie cinétique pour mouvoir l'être. Nous parlerons donc ici d'anthropologie quaternaire : Corps-Ame-Esprit-Nom [15, 16].

En prenant très au sérieux cette nouvelle dimension ontologique qu'est le nom, les parents se doivent d'être plus responsables lors du choix de leur patronyme. Nos ancêtres l'avaient déjà compris ! Pour illustrer encore le fait que le nom précède l'être, arrêtons-nous un tant soit peu aux mots ***renom***, ***renommée***, qui est une opinion, par défaut favorable qu'on a d'une personne. Le vecteur disséminateur de la renommée c'est bien sûr une bonne action réalisée, mais c'est le nom qui est le plus souvent transporté avant l'œuvre. Nous connaissons parfois la réputation des gens seulement à travers leur nom, sans avoir jamais vu leur image. C'est ça la renommée, le renom, et donc le nom ! Le nom est une énergie virtuelle qu'on attache à la personne qui le reçoit et qui l'accepte malgré lui. En effet, on ne demande pas l'avis d'un enfant, on lui impose son nom. Nommer un enfant revient à lui assigner un destin, un projet à réaliser, une mission de vie. Ceci charge le porteur, et est une source de motivation. On attribue souvent au nouveau-né le nom repris d'un de ses ancêtres ayant été brave ou remarquables par ses bonnes actions, ses grandes réalisations ou ses lustres ambitions au cours de sa vie. Dans la tradition bamiléké, on pense alors que l'ancêtre se réincarnc ct revit à travers l'enfant. L'enfant est donc espéré suivre la courbe de vie de cet ancêtre à qui on le joint.

5.2. Influence Négative du nom, et sa conception en pays Bamiléké

S'il est mal choisi, le nom de l'enfant peut lui porter préjudice, et jouer négativement sur sa renommée même sans avoir rencontrer l'enfant. C'est le cas de mon frère et ami Scott *Boring* pour qui j'avais au départ une mauvaise opinion, car son nom *Boring* en anglais signifie *ennuyeux.* Son fils aussi n'est pas très content de porter ce nom. Le nom a effectivement une influence directe sur son porteur. Pour renforcer ces propos, ma fille *Happi* dont le nom à une consonance en anglais *Happy*, reçoit beaucoup de faveurs de ses enseignants, ses médecins et de ses amis, parce que son nom par coïncidence phonologique suggère qu'elle dégage de la joie. Et dès lors qu'elle a pris conscience de ce fait, elle est encline à être joyeuse, bien qu'au départ le nom Happi en langue fè'éfě'è signifie plutôt *donne-moi le profit*, ou *donne-moi la kola*.

Bien que ce principe tende à disparaitre, les anthroponymes bamilékés jadis étaient pour la plupart des noms de circonstance, et donc décrivaient les conditions difficiles qui entouraient la naissance de l'enfant. Plusieurs aînés décédaient avant l'arrivée de l'enfant survivant. Les parents n'étant pas sûr que l'enfant va vivre, lui donnait des noms ironiques et parfois même funestes. C'est ainsi qu'on retrouvait des noms tels que **Kwédí** en langue **dùálá** signifiant la mort !

En fè'éfě'è, on retrouve des noms tels que :

- **Nguelami (Ngūā'la'míé)** : la souffrance ne finit jamais

- La'ngua' (**Lá'ngūā'**) : le monde de souffrance.

Parlant du nom **Lá'ngūā'**, le professeur **Makalankwēn** dans son roman *lŏsīē Afrīka*, conte la triste et inspirante histoire d'un enfant au nom de « **lá'ngūā'** » (en langue fe'éfě'e du département du Haut-Nkam à l'ouest Cameroun) qui signifie littéralement « pays des souffrances ». Dans ce roman, **lá'ngūā'** est un jeune gamin qui veille sur son petit frère, les deux orphelins de mère, qui voient de toutes les couleurs suite aux agissements cruels de leur belle maman.

Prenant référence à ce nom qui rime avec le calvaire que souffre ce personnage, le professeur **makalankwēn** s'est appuyé peut-être sur ce fait pour laisser glisser un rapport indirect entre la signification de son nom, et le vécu qui lui est réservé.

5.3. Nom comme facteur sociaux linguistique et anthropologique

Le nom est un facteur très déterminant dans les interactions humaines. Votre nom détermine vos relations avec le prochain. Il peut être source d'ouverture ou de méfiance.

5.3.1. Noms comme facteur de cohésion

Les personnes portant le même nom sont cosmologiquement liées. C'est la raison pour laquelle on se sent naturellement attiré vers les personnes qui portent notre nom. Les Anthropo-homonymes, c'est-à-dire l'ensemble des personnes portant le même nom, forment un cercle astral, anthropologique et sociologique. Lorsque quelqu'un qui porte votre nom s'élève et devient remarquable dans la société, cette énergie est transférée à tout le cercle homonyme. On a d'ailleurs observé une grande vague d'Africains et d'Afro-Américains qui ont nommé leurs enfants Obama après l'élection de Barack Obama comme 44ème président des états Unis de 2009 à 2017 [17]. L'être humain a généralement tendance à favoriser des personnes juste à partir de la consonnance de leur nom : consonnance ethnique ou religieuse. Par contre, lorsqu'un de votre homonyme commet un crime, cela vous affecte directement, et la société a aussi un regard méfiant envers toute personne portant le même nom. C'est la raison pour laquelle on associe souvent injustement la plupart des musulmans aux terroristes, et cela enfreint les relations humaines entre des personnes portant des noms à consonnance musulmane et les noms non-musulmans. Cette discrimination basée sur le nom est monnaie courante, et dans tous les secteurs de la vie : emploie, relation professionnelle, relation amoureuse, amitié, relation religieuse, etc.

5.3.2. Noms comme facteur de sauvegarde culturel

Le nom est un facteur très déterminant pour la sauvegarde de la langue et la culture en général. En effet, les noms africains transportent l'histoire d'un peuple de manière orale, dans la langue originelle de ce peuple. Chaque fois qu'on évoque un nom, cela ouvre tout un livre d'histoire, surtout quand ce nom est prononcé avec exactitude dans la langue ancestrale. C'est pour cette raison que **Resulam** insiste sur la production des actes de naissances et documents officiel en langues africaines. Le nom permet aussi de retracer l'appartenance ethnique d'un peuple dispersé à travers le monde. C'est ainsi qu'on retrouvera les noms comme **Ndongo** au Cameroun, au Gabon, A Sao Tome, des noms comme Kofi en Côte d'ivoire et au Ghana, et beaucoup d'autres noms Yoruba qu'on retrouve au Nigeria, au Benin au Togo et au Ghana.

6. Liste des Noms Nouveaux, Transcrits et Traduits

Dans ce chapitre, nous proposons des algorithmes de création des noms purement africains. En effet, bien que la plupart des noms soient écrits en langue fè'éfě'è, la traduction de ces noms en français nous donne le programme de constitution de ces mêmes noms dans votre variante dialectale. Il est donc plus urgent d'apprendre et maitriser votre langue maternelle afin de mieux apprécier nos noms dans nos langues ancestrales. Contrairement à des noms de circonstance à caractère péjoratif qu'on observait souvent, nous prônons dans ce livre des noms plein de sens et pouvant transformer le destin du porteur du nom. Nous espérons que d'ici une vingtaine d'année, que des témoignages d'enfants et parents dont ce livre a inspiré puisse nous relater leur expérience.

6.1. Genre du nom

A la base, les noms dans les langues africains n'ont pas de genre. En effet, les noms sont des mots et expressions. L'absence de genre dans les langues bamilékés est culturelle. En effet, les bamilékés ne font pas de distinction ni de discrimination entre l'homme et la femme. C'est la raison pour laquelle les pronoms personnels sont **agenres**, c'est-à-dire sans distinction d'identité de genre. Le pronom personnel de la troisième personne du singulier dans les langues bamiléké est généralement **A** = il ou elle. **Ex. Ǎ** **mɑ́ mbâ'** : il est un homme; **Ǎ mɑ́ mùnzhwīē** : <u>Elle</u> est une femme. Si on tient absolument à distinguer le genre du nom, on peut juste ajouter le préfixe *ngòò / mêngòò* : fille, ou *sòm / mênsòm* : garçon. Exemple : Au nom *Nkwè'nì (Nkoueni)* : Amour, on peut dériver les noms *Ngòònkwè'nì (Ngoukoueni)* : Fille d'amour, *Sòmnkwè'nì (Somkoueni)* : Garçon d'amour. De la même façon, les mots affixés par <u>mā</u> (mà) : maman sont réservés aux femmes, tandis que <u>táà / mbā'</u> (ta, mba) : papa, sont réservés le plus souvent aux hommes. Ex. <u>Táàlə̀ə̀ | Tâlòm</u> (Taleu, Talom) : litt., père forgeron, est originellement un nom masculin, tandis que <u>Mâfə̀ / Māfò</u> (Mafeu, Mafo) ; litt., la mère du roi, est un nom féminin. En plus des affixes <u>ngòò / mā</u> pour la fille, et sòm / táà pour le garçon, les noms qui proviennent des qualificatifs liés à la beauté sont souvent réservés aux femmes, ex. *Zúsōh (zusoh)* : épice, *Pè'ŋjā' (Penja)* : Beauté extrême.

Il y a aussi une autre tendance observée auprès des jeunes ancrés dans la culture occidentale, de vouloir distinguer des noms masculins et noms féminins à base du son de la voyelle finale. En effet, dans la culture occidentale, les noms se terminant par la voyelle **a** ont tendance à être classés comme prénom féminin; ex. *Julia*, tandis que les prénoms qui se terminent généralement par **o** sont taxés de noms masculin; ex. *Julio*. Si vous souhaitez à tout prix rentrer dans ce contexte, nous vous proposerons des astuces pour transformer des prénoms en prénoms féminin. En ajoutant par exemple l'adjectif possessif de la première personne du singulier, **a**, on peut transformer les noms fè'éfè'è en nom à consonnance féminine dans le contexte occidental. C'est ainsi que *Nkwè'nì (Nkoueni)* : Amour, deviendra *Nkwè'nì mǎ (Nkouenima)* :

mon amour, *Vàh (Vah)* : La vie, deviendra *Vàh zǎ (Vahza)* : Ma vie. *Fǔ'sīē (Fusie)* : le don de Dieu deviendra *Fǔ'sīē à (Fusia)* : le don de mon Dieu. La liste de prénoms qui va suivre a été concocté de toute pièce, majoritairement par **Shck Cǎmnà'** et **Fù Tīēncǝ̄ǝ̄.** Si vous avez des prénoms en n'importe quelle langue que vous souhaitez voir retranscrit en langue fè'éfě'è, **Resulam** reste disponible à vous aider à le réaliser. Vous pouvez également vous baser sur les principes de création utilisées dans ce livre pour retrouver l'équivalent dans votre langue maternelle. L'écriture de base du pré(nom) est la langue fè'éfě'è, une langue bamiléké parlée dans le département du Haut-Nkam à l'Ouest du Cameroun. Le nom est d'abord écrit grâce à l'Alphabet General des Langues Camerounaises (**AGLC**), puis la transcription en français en utilisant l'alphabet romain, est entre parenthèses, et enfin la signification du nom après le deux points (:).

6.2. Noms Théophores en Langue Fè'éfě'è

Dans tous ces noms théophores, vous pouvez remplacer le mot *Sīē* (Dieu) par son synonyme *Mbōò* (Créateur) pour retrouver les mêmes noms. Exemple : **Sīèwèn** (Siewe) = **Mbōòwèn** (Mbouwe) : Le Dieu de quelqu'un.

1. **Cà'sǐ Sīē** (Tchassisie) : Joie du Seigneur

2. **Fǎ' mbí Sīē** (Fambissié / Fabissié) : Travailles pour Dieu

3. **Fǔ' Sīē** (Fu'sie, Fusie) : Don de Dieu, Richesse de Dieu, don naturel donné par Dieu

4. **Kǎ'mānàm** (Kamanam) : Le Ciel

5. **Lá'pūh** (Lapuh) : Le Paradis; Litt., le Pays du Ciel

6. **Mānzhì Sīē** (Manzhisié / Manjissie / Meunjisíé) : Chemin divin

7. **Mbên Sīē** (Mbensie) : Croyant (qui croit en Dieu)

8. **Mên Sīē** (Mensíé / Messie, Messi) : Fils de dieu

9. **Mfú Sīē** (Mfusie) : Ancêtres

10. **Ndǎ' Sīē** (Ndasie) : Don, cadeau de Dieu de Dieu

11. **Ndìī Sīē** (Ndiisie) : Grace de Dieu

12. **Ngǎ pén Sīē** (Ngapen Sie / Nguepen Sie) : Je remercie Dieu

13. **Ngǔ'mbōo** (Ngu'mbou, Ngumbou) : La force divine, La puissance de Dieu

14. **Ngŭ'sīē** (Ngu'sie, Ngussié, Ngussi) : La force de Dieu, la Puissance de Dieu.

15. **Nkù'nĭ mbí Sīē** (Kounibissie, Kouni mbisie) : Gloire à Dieu

16. **Nshūà'mbōò** (Shuambo) : Ange; Litt. Serviteur de Dieu

17. **Síé mùnjīī** (Siémandji / siemenji) : Dieu voit, Dieu observe

18. **Síéfə ou Síéfù** (Siefeu, Siefu, Sifo) : Dieu est roi

19. **Síékwe'** (Siekwe / Síékwe') : Dieu le veut, Dieu a voulu

20. **Síélììmā** (Sielima) : Dieu m'a fait grâce

21. **Síémbhì** (Siembhi, Siembi) : Dieu est devant. Dieu me précède

22. **Sīēnkwe'ni** (Siekweni / Siekoueni) : Dieu D'amour

23. **Yū' nzhì Sīē** (Yunzhi Sie) : Écoute les

voix du seigneur

24. **Záhmfúsīē** (Zahfussíé / Zeuhfussíé) :

L'œil des ancêtres

6.3.   Noms Non théophores en Langue

Fè'éfě'è

1.   **ɑ́ Yāā pípè'** (Yapipe' / yapipe, ayapipe) :

Pourvu que ce soit bien

2.   **Bā ntèn** (Baten) : Sois en santé

3.   **Cǎk ndíndēē** (Tchak ndindee / Tchadindee)

: La marmite de la vérité

4.   **Cǎk nkwè'nì / Cǎk nkə̀'nì** (Tchakweni /

Tchakeuni) : La marmite d'amour

5.   **Cāk tā Nzā** (Tchaktaza) : Cherche avant de

manger

6.   **Cǎk vàh** (Tchakvah) : La Marmite de la Vie

7. **Cāp nā ò, Cām nā ò** (Tchamnao) : Abstiens-toi

8. **Cà'sì** (Tchassi). **Cà'sì ză** (Tchassiza) : Joie, Ma joie

9. **Có'nzhì** (Tchoji) : La clé; litt., qui ouvre la voie

10. **Cwè'fī** (Tchuefi) : Actualité; litt., Information, nouvelle neuve

11. **Fà' sì pūā** (Fa'sipua / Fassipua) : Travailles sans trêve

12. **Fhū̧ sīē ndó** (Fhussiendo / fhussindo) : Debout; Litt., Relève toi du sol

13. **Fìènkàk** (Fienkak) : Arbre de paix, symbole de paix chez les Bamilekes

14. **Fù̧, fɘ̀** (Fu, Feu, Fo) : Roi

15. **Fù̧ mbūànì / Fɘ̀ mbūànì** (Fumbuani, Feumbuani) : Roi de la paix / Seigneur de la paix

16. **Fù̀ nkō' / Fə̀ nkō'** (Funko / Feunko) : Roi choyé, dorloté

17. **Fù̀'** (Fhu / Fu') : Trésor, Fortune

18. **Fŭ' sà̀'** (Fussa, Fu'sa'a Fu'sa) : La richesse est arrivée

19. **Fù̀' sì fōh** (Fhu'ssifoh, Fhusifoh) : richesse sans pareille, inégalée

20. **Fù̀' sì mìè** (Fhu'simiè / Fhussimiè) : Richesse perpétuelle, Richesse intarissable

21. **Fù̀' zā** (Fhuza / Fhu'za) : Ma fortune

22. **Ghə̀ə̄ fə̀ / Ghə̀ə̄ fù̀** (Gheufu, Gheufeu, Ghofu, Ghofo) : La parole du roi

23. **Ghĕn mbhì** (Renmbi) : Va de l'avant !

24. **Kà̀hmāncò** (Kahmatcho, Kamatcho) : Héros

25. **Kèē nkù̀'nì** (Kenku'ni) : La loi du respect

26. **Kèē nkwè'nì** (Kenkwe'ni) : La loi de l'amour

27. **Kèēvà̀h** (Kevah, Keva) : La loi de la vie

28. **Kwă'nù** (Kwa'nu) : Réflexion

89

29. **Kwě'nàm** (Kwe'nam, Kouenam) : Rayon de soleil, Faisceau Solaire

30. **Lá' fhừ'** (La'afhu / Lafhu) : Pays de richesse

31. **Lá' mbūànì** (Lambouani / Labuani) : Pays de paix

32. **Lǎh mbhì** (Lambi) : Regarde en avant

33. **Làmsí nshù** (Lamsinshu / lamsi nshu) : Bouche mielleuse "Nom reservé et idéal aux filles"

34. **Lǝ̆hmbhì** (Leumbi, Lombi) : Regarde en avant

35. **Lǒnàm** (Lonam) : Le lever du soleil

36. **Lǒsīē** (Losie) : lève-toi !

37. **Lǒsīē nnák** (Losienak / Losinak) : Lève-toi et marche

38. **Mâfừ, Mâfǝ̂** (Mafu, Mafeu, Mafo) : Reine

39. **Mâfừ / Mâfə̀ Mbūànì** (Mafu mbuani, mafumbuani / Mafeu mbuani) : Reine mère de la paix

40. **Mâfừ nkō'** (Mafunko / Mafeunko) : Reine choyée, dorlotée

41. **Māngátnzhừ'** (Meungajut / Mangajut) : Ancêtre

42. **Mbè' Cwè'** (Mbecwe, Mbetchue) : Bonne nouvelle

43. **Mbè' Nāh** (Mbe'nah / Mbenah / Mbeneuh) : beaux yeux / beau regard

44. **Mbè'zīī** (Mbe'zi / Mbezi) : Chanceux

45. **Mbó Fừ'** (Mbofu'u, Mbofu) : La main de la richesse

46. **Mbūànì** (Mbuani) : La paix

47. **Mbūànì Wèn** (Mbuaniwen) : Personne clémente, douce

48. **Mênfù, Mênfᵊ** (menfu, menfeu, menfo) : Prince, Princesse

49. **Mênkām** (Menkam) : Enfant de Notable

50. **Mfà'ndīēkò** (Fa'ndieko / Fandieko) : Accro au Travaille

51. **Náh nkwè'nì / Náh nkᵊ'nì** (Neukweni / Nekeuni) : Les yeux d'amour

52. **Náh vàh** (Nahvah, Neuhveuh) : Les yeux de la vie

53. **Nàm** (Nam) : Le soleil

54. **Nàm à** (Nama) : Mon soleil

55. **Ncă' mìè** (Tchamié / Tchamie) : Finis les soucis

56. **Ndéndēē, Ndíndēē** (Ndende, Ndinde) : La Vérité

57. **Ndhŭŋwā', Ndhŭlhù** (Ndunwa, Ndulu) : Le miel

58. **Ndùāfù** (Duafu, Duafo) : La Couronne Royale

59. **Ndùānì** (Duani) : La Couronne Royale

60. **Ndʉà'lā'** (Ndua'la', Nduela) : Défenseur du Pays

61. **Ndùndām** (Ndundam) : Les graines de paix, jujube africain.

62. **Nǝ̀ǝ̀wàànkhù** (Neuwankhu) : Homme accompli, Haute Personnalité; litt., un animal qui coupe le fil du piège.

63. **Ngǎ pén ō** (Ngapeno / Nguepeno) : Je te remercie

64. **Ngǎ zhwìè** (Ngazhwe, ngajouè) : J'ai ri

65. **Ngà'fù"** (Ngafu' / Ngafu) : Personne riche, ou personne qui possède multiples talents

66. **Ngǎngǎ mìè** (Ngangamíé / Ngangamie) : La souffrance est finie

67. **Ngòò Mbūànì** (Ngoumbouani, ngumbuani) : La fille de paix. "Prénom féminin"

68. **Ngù'** (Ngu) : La puissance, la force

69. **Ngù' zǎ** (Ngu'za) : Ma force

70. **Ngʉ' zǎ mbú o** (Nguzambouo) : Tu as ma force

71. **Ngʉ́ɑ́' yá' mìè** (Ngueyami / Ngueyamíé) : Finie la souffrance

72. **Ngʉ̆' Vàh** (Nguvah) : La Puissance de la Vie

73. **Njû'nì** (Nju'ni, njouni) : Obéissant

74. **Nkɑ̀'** (Nka) : La lumière

75. **Nkǎ' Ndéndēē** (Nkandende) : La lumière de la Vérité

76. **Nkǎ' Ngwè'** (Nkangwe', Nkangoue') : Lumière du monde

77. **Nkǎ' Vàh** (Nkavah) : Lumière de vie

78. **Nkèn Fī** (Nkefi) : Actualité; litt., Information, nouvelle neuve

94

79. **Nkômbhìnù** (Nkombhinu) : Responsable, Défenseur

80. **Nkômnā** (Komna) : Personne calme et posée, qui réfléchit murement avant de poser un acte

81. **Nkù'nì** (Nku'ni, Nkouni) : L'honneur

82. **Nkwà'nù** (Nkwa'nu) : Un penseur

83. **Nkwèè yà Fù'** (Nkweyafu) : Tout mon trésor

84. **Nkwèè yà ngù'** (Kweeyagu / Kweyangu) : Toute ma force

85. **Nkwè'nì / Nkè'nì** (Nkweni, Nkeuni) : Amour

86. **Nkwè'nì là' míé** (Kwenilamie, Kwe'ni la'amié) : L'amour ne finit jamais

87. **Nkwè'nì là pé' / Nkè'nì là pə́'** (Nkwenilape / Keunilape) : L'amour fut bien

88. **Nkwè'nĭ pōōntìā** (Kwenipontia / kweni pountia) : Amour d'enfance

89. **Nsə̀ə̀ Fī** (Nseufi, Nsefi) : Nouvelle fleur, "Prenom de femme"

90. **Nsə̀ə̀ mà** (Nseuma, Nsema) : Ma fleur, "Prenom de femme"

91. **Nshĭvàh** (Nshivah, Shivah) : L'eau de la vie, le l'essence de la vie

92. **Nshừàncò** (Nshatcho, Nshuatcho) : Vainqueur

93. **Nshừ'ngwè'** (Shungwe) : Sauveur du Monde

94. **Nshwînā** (Nshwina); Shwīnāò (Shwinao) : Persévérant. Persévère.

95. **Ntômnàm** (Ntomnam) : Le lever du soleil

96. **Ntōòvàh** (Touvah) : Le pilier de la Vie

97. **Ntừā'mbō là' sə̄ə̄ wū** (Tuambo la'asseuwou / Tuambo lasseuwou) : Être reconnaissant profite toujours à celui qui reçoit

98. **Ntúmbó nkāā** (Ntumbo Nkor / Ntumbo nkaa) : Les doigts argentés

99. **Nŭlā'** (Nula') : Patriotisme

100. **Nù là' pə̄h wèn ntìā** (Nulapeu wentia) : Les personnes faibles n'entrent pas en colère

101. **Nù pá' mbə̄h wèn** (Nupambawen, Noupambawen) : il ne faut jamais se fâcher

102. **Nzá lēē** (Nzele, Nzale) : le jour s'est levé, il fait jour. Nzá lēē è ? Bonjour.

103. **Nzhînù** (Njinu). Nzhînùwèn (Njiwuwen) : Personne intelligente

104. **Ǒ sì ghé'** (Osighe', Osihe) : Ne pleure pas

105. **Ǒ sì nēēsī** (Osinessi) : Ne t'empresse pas

106. **Ǒ si pēn** (Osipen) : N'accepte pas

107. **Ǒ si pōh** (Osipoh) : Ne crains pas

108. **Pə̄h nùsìpè'** (Peu Noussipé / peuh nousipé) : Evite le mal / attention au mal

109. **Pè'nì** (Pe'ni) : Bonté

110. **Pénthū** (Pentu) : La Foi

111. **Pĕ'sī / Pә̆'sī** (Pessi, pe'si / Peusi, Peu'si) :
Beauté; Litt., beauté du visage

112. **Pә̆'zīī / pĕ'zīī** (Peuzi / pezi / pe'ezi) : La
chance

113. **Phì tā nkāā** (Piteunkaa / Piteunkor /
Pitankor) : Sème avant de récolte

114. **Phĭ nkwè'nì** (Pikeuni) : La kola d'amour,
l'alliance d'amour

115. **Pìī nkwè'nì / Pìī nkә̀'nì** (Pikeuni /
Pikweni) : Les avantages, les bienfaits de
l'amour. Ou encore, les Retombées de
l'Amour

116. **Pāh nù / Pә̄h nù** (Pahnou / Peuhnou) :
Méfie-toi / fais attention; Litt., il faut avoir
peur des problèmes

117. **Pōh nùsìpè'** (poh nussipé / pohnou sipé) : Crains le mal; Litt., il faut avoir peur du péché

118. **Pó ngǜ'** (Pongu / Pongu') : Le bras fort, la main de secours

119. **Sà'** (Sa') : L'Etoile

120. **Sǎ'lòh** (Saloh) : L'or

121. **Sǎ'lòh zǎ** (Salohza) : Mon or

122. **Sǎ' Mbūànì** (Sa' mbuani / Sa' mbouani) : Etoile de paix

123. **Sǎ' Nkwè'nì / Sǎ' nkə̀'nì** (Sa'nkwe'ni, Sankeuni, sankoni) : Etoile d'amour

124. **Sǎ' Nzhì** (Saji) : L'étoile du chemin, l'astre qui illumine le chemin

125. **Sǎ' pūh,** (Sapuh) : Etoile du ciel

126. **Sǎ' zhínù** (Sa'jinu) : L'étoile de l'intelligence

127. **Shwìì tā nkwēn** (Shwiitankwe / shwiitenkwe) : Sois Prudent ; litt., frappe avant d'entrer

128. **Shwínā** (Shwina) : Persévérance.

129. **Shwī nā ò** (Shwinao) : Persévère.

130. **Sìdīēmbwèn** (Sidiembwen) : Sans rancune

131. **Sìpīēndàh** (sipienda) : sans perdre de temps

132. **Sìpūānkhù** (Sipouankhou / Sipuankhou) : infatigable / endurant; litt., ne faiblis pas les pieds

133. **Sòm Mbūànì** (Sombouani, Sombuani) : La garçon de paix. "Prénom masculin"

134. **Tā'sī ā lá** (Ta'assialeu / Tassialeu) : Embrasse-moi

135. **Tâ'sĭ pè' / Tâ'sĭ pə̀'** (Tassipe / Tassipeu) : L'entente est bonne

136. **Títìānì** (Titiani) : Herbe symbole de paix chez les Bamilékés

137. **Tómnshì** (Tomnshi) : La source

138. **Tómnshǐ Nkwè'nì** (Tomnshi Kweni) : La source d'amour

139. **Tómnshǐvàh** (Tomnshi Vah) : La source de vie

140.

141. **Tūā' mbō nkō** (Tuabonko / Tuamboko / Tua'boko) : Prends avec gratitude; litt., prends de deux mains

142. **Tûmbhì** (Tumbhi, Toumbhi, Toumbi) : Premier, Première, Meilleur(e)

143. **Vàh zǎ** (Vahza) : Ma vie

144. **Vàh Sùsùà** (Vahsusa) : Longue Vie

145. **Wěnsìnēēsī** (Wensineessi) : Il ne faut pas s'empresser; litt., wèn : quelqu'un, sì : négation, nēēsī : s'empresser

146. **Wěnsìpūānkhù** (Wensipuankhu) : Persévère, ne te décourage pas, n'abandonne pas

147. **Wū sì lò'** (Wousilo', wusilo') : Perfection

148. **Wū sì mbìà** (Wousimbia) : Perfection

149. **Ya Póngʉ'** (Yapongu) : Mon bras de secours, Ma main forte

150. **Ya Túnù** (Yatunu, Yatounou) : Ma raison d'être, ma raison de vie

151. **Yā' kwà'** (Ya'kwa', Yakwa) : Pense d'abord, réfléchis d'abord; en anglais, think twice.

152. **Yām** (Yam) : Produit, Fructifie

153. **Yòmù, Yɘ̀bà** (Yoma, Yoba, yeube) : reveille-toi

154. **Yōmnā ō ngʉ́** (Yopnao ngu / yomnao Ngu) : Agis lentement / prends ton temps

155. **Yōpnā ō** (Yopnao); syn. Kōmnā ò

    (Komnao) : Ressaisi-toi / prends ton temps

156. **Yō'sì** (Yosi, Yossi) : Bénédiction

157. **Yū'nì** (Yu'ni, Youni) : Obéissance

158. **Záh nàm / Záh nàp** (Zahnam, Zohnap,

    Zeunam, Zeunap) : Rayon de soleil; Litt.,

    l'oeil du soleil

159. **Zén fừ'** (Zenfu / zenfeu) : Nom de

    richesse

160. **Zhínù** (Jinu) : Sagesse

161. **Zhínǔfừ, Zhínǔfə̀** (Zhinufeu / Jinufeu /

    Jinoufu / Jinoufeu) : Sagesse royale

162. **Zúsóh Nkừ'nì** (Zussoh Nkuni) : Épice

    d'honneur; "Nom reservé et idéal aux filles"

163. **Zúsóh nkwè'nì / Zúsóh Nkə̀'nì** (Zussoh

    NKweni / Zusoh Nkwe'ni / Zusoh Nkeuni) :

    Épice d'amour; "Nom réservé et idéal aux

    filles"

7. Signification de quelques noms populaires en langue fè'éfě'è

Bien que pas l'objectif principal de ce livre, nous avons jugé bon de vous donner comme bonus la signification des noms populaires Bamiléké-Fè'éfě'è préexistants. Ici, nous ne vous donnons qu'une signification sommaire, sans entrer dans les détails du contexte dans lequel ces noms étaient attribués. Un prochain livre sera consacré à la signification profonde des noms camerounais et africains. Attention ! Un nom africain écrit en français perd généralement sa valeur phonologique. Aussi, plusieurs noms africains peuvent avoir la même retranscription en français ou en anglais. Pour cette raison, nous nous efforçons tant bien que mal dans ce livre, à donner l'une des possibilités de la

104

signification du nom. Malgré toute notre bonne volonté, nous ne sommes pas en mesure de donner toutes les significations d'un nom africain écrit en français, car aucune valeur phonologique n'est attachée à la transcription française ou anglaise du nom. **Exemple**: **Youmbi** peut avoir deux transcriptions en fè'éfě'è : 1. **Yū'mbī'** : écoute et raconte, ou 2) **Yū'mbí** ; écoute à, obéis à, qui est le diminutif de Yū'mbísīē : Obéis à Dieu. Par ailleurs, en restant même dans le contexte d'origine du nom, un même nom peut signifier plusieurs choses, et seul le donneur du nom détient sa signification réelle. **Exemple: Dassie** se transcrit en langue fè'éfě'è par Ndǎ'sīē, qui peut signifier Don, cadeau de Dieu, ou seul dieu, comme dans Ndǎ'sīē tā nzhī: seul Dieu sait. Les noms précédés d'une étoile (ˢ) sont des noms dont la traduction est moins certaine. Si vous n'êtes pas satisfait de la signification de votre prénom, et avez une meilleure explication, envoyez-nous un message à contact@resulam.com. Vous pouvez aussi nous envoyer un message si vous souhaitez que nous fassions des recherches sur un nom particulier.

N.B. Vous devez parfois précéder l'écriture du nom recherché par une nasale, c'est-à-dire par la lettre n ou m afin de le retrouver dans la liste. Par exemple, si vous ne trouvez pas le nom Bouwen, allez chercher Mbouwen. De même, si vous ne retrouvez pas le nom Djinou, allez chercher Njinou.

Liste de quelques noms populaires en langue fè'éfě'è, classés par ordre alphabétique.

Bakam, Bakap (Mbàtkām) : nom donné à l'ainé direct des jumeaux après la naissance de ceux-ci, bien évidemment; c'est un nom éloge (pas inscrit dans l'acte de naissance dans ce cas). Cependant, ce nom peut aussi être utilisé comme nom de naissance officiel.

Bangofa, Mbakngofa, (Mbakngofāt) : de mbàk, pluie et ngòfāt : maïs. Pluie propice à la semence du maïs. Ce nom correspond aussi au mois de Mars en langue fè'éfě'è. Ainsi il est donné aux enfants nés pendant une forte pluie, ou alors nés en début du mois de Mars.

Belale (Mba lāhā lā) : De n'importe quelle façon. Advienne que pourra.

Bojiko : (Mbǔ'zhíkǎ) : Qu'est-ce que l'innocent sait ? C'est un nom qui sert à clamer son innocence, comme Djoubissie (Njòómbísīē).

Bosie, Busie, Busi (Mbósīē) : Les mains de Dieu

Botchak (Mbóncâk) : Les mains de celui qui cherche, les mains d'un travailleur, du laboureur.

Bouwe, Bouweh, Mbouwen : (Mbōòwèn) : Le Créateur de quelqu'un; Mbōō : Créer, Wèn, Wènòk : un être humain; syn. Siewen, Siewe (Sīèwèn)

Chechoi, chuchoi (Shūcwà') : Se dit des enfants qui viennent au monde par les pieds. Litt., Shūū : Tomber, et cwà' : onomatopée imitant le bruit de l'atterrissage.

Choudenou (Nshŭndênù) : la bouche des jaloux; litt., la bouche de celui qui parle (ndēn)

Dakayi (Ǹdǎ'káyīī) : J'aurais dû prévoir,

Dassie (Ndǎ'sīē) : 1. Don, cadeau de Dieu. 2. Ndǎ'sīē (tā nzhī) : Seul Dieu sait.

Deyinou, Dayinou, Ndeyinou (Ǹ dàyíí nù) : J'avais souffert. On retrouve aussi son diminutif, Deyi : Ǹ dàyíí

Dieupe* (Ndᵾᾱpèè) : La maison (Ndᵾᾱ) de la rancune (pèè). Pourrait se donner à un enfant par des parents qui ont été longtemps victime de haine.

Djeukoua (Njɔ́ɔ̀kwà) : Planter ou fixer solidement en terre par quatre jalons, tels les quatre coins d'une construction.

Équilibrer. Ce nom signifie un homme de fer, fort, courageux, ferme et solide.

Djiadeu (Zhìāndə̀ə̀) : épargne-moi de la calomnie; de **Zhì**, du verbe **nzhí** : Interdire, proscrire et **ndə̀ə̀** : la calomnie, la médisance.

Djoumbissie, Djoubissie (Njòōmbísīē) : Action de clamer son innocence (Njòò); litt., Njòò : confession mbí : à, Sīē : Dieu. Confession à Dieu.

Fankam (Fǎ'nkām) : 1. nom du deuxième enfant d'un notable, de sexe différent de son ainé; cf. Mfá', fà' ; croiser, Nkām : Notable, noblesse. 2. La croix du roi.

Feyou (Fə̌ yò) : Le règne t'appartient, la royauté t'appartient; cf. fə̀ (roi), yò (le tiens)

Happi (Hāāpìì) : 1. donne-moi (**Hā ā**) le profit (**pìì**). 2. Donne-moi (Hā ā) la cola (pìh); le nom élogieux des Happi est Tīìndūā', litt., le père (Tīì) combattant (ndūā')

Jinu (Njînù, Nzhînù) : 1. (Njînù) Quelqu'un qui souffre beaucoup. 2. (Nzhînù) : personne intelligente.

Kadji, Kaji, Nkadji (Ǹ kà' zhī) : Je ne sais pas.

Kakanou (Ǹ kà' kᵃ́ nù) : je n'ai rien planifié. Tout ce qui m'arrive advient par pur hasard; autre variante, **Ngakanou**.

Kameni, Kamani, Kakmeni (Nkᵃ̆kmānì) : Nom donné aux Cadets Immédiat des Jumeaux; Cela correspond au nom Amani chez les Boule en Côte d'Ivoire. Contrairement au nom **Bakam**, le nom **Kameni** est considéré comme nom officiel et marqué sur l'acte de naissance.

Katcho (Nkà'ncò) : Celui qui planifie la guerre, celui qui échafaude des stratégies de guerre.

Kebiwe, Kabiwe, Kabiwa (Ká mbí wā) : Personne ne possède rien; litt., qui (wā) a quoi (Ká) ? 2. Tout est vanité.

Keou, Kewou, Kewu (Kèēwū) : Rien, aucune chose; syn. Sèēwū

Koloko (Kòlǎ'kò), Koueleko (Kwèlě'kò) : le plantain (Kòlà' / Kwèlè') du champ (kò). 2.

Komnawa (Kómnāwèn) : Quelqu'un posé, qui ne s'empresse pas.

Kontcho, Kontchou (Kwĕ'ncò) : les munitions de guerre.

Leubou* (Ləə́mbū') : Prépare (Ləə̄) des boules (mbū'). Celui qui cuisine plusieurs boules de nourriture (destiné à préparer un grand travail, un long voyage). Syn : Nambou (cuisine et partage les boules de nourriture).

Liedji (Lié'nzhi): Nom donné aux enfants (le plus souvent aux garçons) dont le jour de naissance correspond à un jour interdit de la semaine grassfield.

Mafeu, Mafu, Mafo, Mamfeun (Mâfᵾ, Mâfə̀, Mâfò, Mâmfə̀n) : Mère du roi.

Maliedji, Meliedji (Mālíé'nzhì) : Nom des filles; litt., la mère de líé'nzhì (Jour interdit). Nom donné aux enfants de sexe féminin dont le jour de naissance correspond à un jour interdit de la semaine Bamiléké.

Mambo, Mambou (Mmà'mbō) : personne qui négocie, qui supplie; litt., qui lance (mmá') la main (mbō)

Mangwa (Mà'ngwā') : Nom donnés aux enfants dont l'un des parents ou les deux sont morts immédiatement après la naissance de l'enfant.

Mapokam (Mâpŏ'kām) : litt., mère de Pŏ'kām, c'est-à-dire, mère du deuxième enfant du roi, conçu lors de l'initiation du roi au La'akam (Lá'kām), c'est-à-dire au lieu d'initiation du roi.

Matoukam (Mântû'kām) : mère de Ntû'kām, c'est-à-dire la mère du premier enfant du roi conçu au La'akam (Lá'kām); cf. Mapokam

Mênkām (Menkam) : L'enfant du notable. L'enfant de la noblesse.

Miafu, Miafeu, Miafo (Mīàfù̩, Mīàfə̄, Mīàfò) : le frère du roi

Miemenak, Miemanak (Mìè mā nnák) : Déambule, marche aussi, même si tu ne sais pas où tu vas.

Monthe, Monthieu, Moutieu (Mōōntù̩à') : ne te soumets pas sans avoir essayé de te défendre; litt., Mòò : Tâtonner, tâter, et Ntù̩à' : la soumission; la forme longue du nom est Mòō ntù̩à' tā mbēn, litt., tâte celui qui veut te soumettre à la soumission avant d'accepter, avant de te soumettre. Le nom honorifique de tous les Mòōntū̩ā' (Monthé) est Yòkngwáá, litt., chasse et abat.

Moukam*, Monkam (Mòōkām): 1. Le divertissement (mòò) des notable (nkām). 2. L'enfant noble. L'enfant (mōō) du noble ou de la noblesse.

Mounko, Mouko (Mōònkò') : Enfant chéri, enfant choyé.

Nakmenou (Nnàk mà nù) : personne dont les problèmes suivent partout; litt., Celui qui marche (Nnàk) avec (mà) les problèmes (Nù).

Nana, Nono, Nene (Nēènēē, Nânnān, Nɔ̂nǒ) : personne très ambitieuse, qui poursuit sans relâche; litt., celui qui ne fait que poursuivre

Ngakanou (Ǹ gà' kǎ' nù) : je n'ai rien planifié. Tout ce qui m'arrive advient par pur hasard; autre variante, Kakanou.

116

Ngankam* **(Ngǎ'kām)** : Composé de "
Ngan" (la racine) et Kam (la noblesse, la
notabilité) Litt. La racine de la noblesse.

Ngasseu, **Ngassa,** **Ngassam** **(Ngà'sɜ̂,
Ngàsām)** : celui qui a raté quelque chose,
qui était absent l'ors d'un partage.

Ngeupessie, Ngapensie (Ngǎpénsīē) : Je
remercie dieu. Merci à dieu.

Ngofanke **(Ngòfât** **nkèè)** : Le maïs
(Ngòfāt) du singe (Nkēē)

Ngoubeyo, **Ngoubeyou,** **Goubeyo,
Goubayo (á ngù'bā yò)** : Que l'année soit
tienne

Ngougueu **(Ngǔ'ngūā')** : Année de
souffrance

117

Ngounou, Gounou : (Ngǔ'nù) : Année des problèmes

Nguelamie, Ngelamie, Nguelamie, Guelamie (Ngūā' là' míé) : La souffrance ne s'est jamais arrêtée.

Nì (Ni) : jumeau; Suffixe des noms de Jumeaux; ex. Ngǎ'mānì (Ngamani), Cǎmānì (Tchamani / Tchameni)

Njə̄ə̄kām (Djeukam) : La hache du notable... Hache royale. La hache étant à l'époque une arme d'extrême force ; une âme de guerre.

Njinou, Njionou, Djinou, (Njiìnù) : Personne qui subit beaucoup d'évènements malheureux, un malchanceux.

Njouedji, Jweji (Nzhwīènzhì) : fille qui vient au monde un jour interdit de la semaine Bamileke; de Nzwīē : femme, et nzhì : interdit; cf. líé'nzhì : jour interdit

Noubibou, Noumbibou (Nŭmbímbōò) : Il faut laisser les problèmes entre les mains de Dieu; litt., les choses (Nù) sont à (mbí) Dieu (Mbōò); syn. Nŭmbísīē (Noumbissie)

Noubissi, Noumbissie (Nŭmbísīē) : Toutes les affaires / tous problèmes à dieu.

Noumeni (Nŭmāni) : Les affaires / chose / problème de Mani (mère des jumeaux);

Noupoué, Noupueu, Noupia, Noupa (Nùpúá) : Urgence, de deux choses l'une; litt., deux (púá) choses (nù); litt., la vie ou la mort.

Noussimie (Nùsìmìè): Chose infini, chose qui ne finit pas

Nouwe, Nouwen (Nǔwèn) ; Les choses (Nù) de quelqu'un (Wèn)

Pangop (Pààngòp) : Personne issue d'une caste de noble; litt., Qui porte la peau [de panthère] au dos; cf. mbáá, pàà : porter au dos, et ngòp : la peau

Pelamie (Pèè là' míé) : La haine (pèè) ne finit (mmíé) jamais (là')

Pene, Péné, Peneh (Pèè nèhē) : Haine inutile, Haine sans raison; syn. Pessindjo (Pèèsìnjō)

Pessindjo (Pèèsìnjō) : Haine (Pèè) sans (sì) dette (njō); syn. Pene (Pèè nèhē)

Pokam (Pǒ'kām): Nom donné aux enfants conçus directement après une intronisation ou un anoblissement (cas des notables) de son père, ou de son grand père.

Pokam (Pŏ'kām) : Deuxième enfant du roi, conçu lors de l'initiation du roi au La'akam (Lá'kām), c'est-à-dire au lieu d'initiation du roi.

Posie (Pŏ'sīē) : Le champignon de Dieu

Senfo, Senfu (Sênfɔ̀, Sênfù) : L'ami du roi

Siantou (Sìàntóó) : Personne généreuse; litt., de Sìà (enlève la peau, dépouille) et ntóó (rôtir, bruler); qui depouille, rôti, et partage

Sidiembwe, Sidiemboue (Sidìēmbwen): Sans rancunes. Ne pas rendre la monnaie de la pièce.

Siebanji (Sīēbánzhī) : C'est Dieu qui sait.

Siebatcheu, Siebetcheu (Sīēbáncɔ̄ɔ̄) : C'est Dieu qui prend pitié.

Siebiwe (Síémbíwen) : Dieu est aux côtés de quelqu'un (dieu à ses côtés / dieu à lui).

Siekape, Siekapen (Sīēkà'pēn) : Dieu n'a pas accepté, dieu n'était pas d'accord (Utilisé par les parents ayant beaucoup souffert pendant la gestation pour dire qu'enfin dieu n'a pas accepté que le malheur s'abatte sur eux)

Siepé (Síépēn) : Dieu a accepté. Dieu a validé. Dieu est d'accord.

Sīèwèn (Siewe) : Composé de "Sie" (dieu), et de we (quelqu'un) Litt. Le dieu de quelqu'un.

Sieyadji (Síé yāā nzhì) : Dieu (Sīē) a établi (yāā) le chemin (nzhì)

Sieyu (Síéyú') : Sie (dieu) et "Yu" (entendre, comprendre) Litt. Dieu a entendu / Compris.

Taleu, Tale, Talom (Tâlə̀ə̀, Tâlòm): Père forgeron, chef d'entreprise, batisseur.

Tchabok (Ncà'mbōk) : Les problèmes (ncà') du pauvre (mbōk)

Tchamabe, Tchamabeu (Càm mā mbè' / mbə̀') : C'est bien de faire des choses en secret; litt., c'est le secret (càm) qui est (mā) bon (mbè')

Tchameni* (Ncátmāni) : La chaussure de mani (mère des jumeaux) ou encore (Le dernier né de mani).

Tchamna* (Cǎmnà') : 1. le secret (càm), aller se mettre en aparté (ntēn càm) pour faire un plan (nà' : complot), et donc, une

123

concertation pour réaliser un plan et surprendre le monde; cf. Tchamdeu (Cămndə̀ə̀). 2. Cāp nā : s'abstenir, (abstinence)

Tcheuwa* (Cá'wūā̄) : La terre mortuaire. Nom donné aux enfants nés pendant un période de deuil.

Tcholahue, Tcholachue, Cholachue (Cwè' là' hwīē̄) : Les nouvelles n'ont jamais été bonne.

Tchopowe (Tūpowen) : Le doigt de quelqu'un. Le doigt qui travaille et qui peut aussi chercher les problèmes.

Tepie (Ntéépīē̄) : Un marché (Ntēē̄) que l'on tourne à perte (Pīē̄)

Tolale (Ntè̄' / ntə̄' là' lēē̄) : Jalousie inutile; litt., le cou n'a jamais été propre;

chez les Bamilékés, le siège de la fâcherie se trouve soit dans l'âme (Nthᵾ̄), dans ce cas, on dit njā'nthᵾ̄, soit dans le cou, dans ce cas, on dit njā'ntə̄' / njā'ntē'. Nom synonyme: Tokale (Ntē' kà' lēē)

Toukam (Ntû'kām) : Premier enfant du roi conçu au La'akam (Lá'kām); cf. Mapokam : mère de Toukam.

Towa, Towo, Ntowa, Ntowo, Towoue (Ntò'wūā) : Nom donné aux enfants dont l'un ou les deux parents sont décédés avant ou pendant sa naissance (enfant posthume).

Wanga (Wààngáá) : Personne généreuse; litt., Wàà : couper, trancher, et ngáá : partager; coupe et partage.

Wantou, Wouatou (Wààntóó) : Personne généreuse; litt., Abat, coupe (wàà) et tu brule / rôti (Ntóó); litt., abat et tu rôti; cf. Wàà̀ngáá, Sìàntóó

Weladji, Welaji (Wèn là' zhī̄) : On ne sait jamais. Nul ne sait ce qui va arriver. Nobody knows about tomorow.

Welakoue, Welakwe (Wèn là' kwé') : personne n'a jamais aimé; sa forme longue peut être, Wèn là' kwé' ngà'pèè (l'ennemi).

Wendji (Wěnjī̄) : On ne sait pas sans avoir vu; Litt. Wèn : Quelqu'un; njī̄ (voir); la forme longue du nom est Wěn njī̄ tā nzhī̄ : on ne sait quelque chose que par expérience. L'équivalent du nom en ghomala' est Modjo (Mòjɔ̄)

Wenlɑ'kwé'ngapee Welakwengape / Welakwe (Diminutif, le plus souvent utilisé) : On n'aime jamais assez l'ennemie. Peu importe l'amour qu'on a pour quelqu'un, s'il nous déteste à l'intérieur, alors sa haine ne s'arrêtera pas.

Wenlɑ'péénga'pee (Welapegape) : On ne haie jamais son ennemie. / Nul ne remercie son adversaire.

Wensilɑ́hnjam (Wessilojam) : Que personnes ne regarde dernière. Ne retourne pas ta veste, ne reviens pas sur ce qui a déjà été fait.

Wetomndieu, Wetomdie (Wèntōmndɨ̄ɑ̄) : Il faut sortir de la maison; de Wèn : Quelqu'un, une personne, tōm : sortir, ndɨ̄ɑ̄ : la maison.

Yinou (Yīīnù) : Regarde, observe les choses / affaires / problème. Observe le monde et prends notes.

Yitembe, Yitambe, Yitemben, Ytembe (Yīītāmbēn) : N'accepte qu'après avoir vu. Ne sois convaincu que des preuves. Esprit critique.

Youmbi (Yū'mbī', Yū'mbí) : 1. Yū'mbī' : écoute et raconte, ou 2) Yū'mbí : obéis à, qui est le diminutif de Youmbissie (Yū' mbí Sīē) : Obéis à Dieu.

Youmbissie (Yū' mbí Sīē) : obéis à Dieu; son diminutif est Youmbi (Yū' mbí)

8. Conclusion

S'il faut retenir une seule chose de ce livre, ce serait la prestation de serment, que plus jamais, nous africains ne donnerons plus jamais des noms des étrangers à nos enfants. En effet, comme nous l'avons postulé dans ce livre, le nom est la quatrième dimension ontologique de l'être humain, les autres composantes étant le Corps, de l'Âme et de l'Esprit. Le nom n'est pas un mot banal ! C'est un mot chargé d'énergie potentiel, qu'il faut juste transformer en énergie cinétique pour mouvoir l'être. Le nom est la partie visible du Moi. C'est grâce à lui qu'on existe. Qui n'a pas de nom n'existe pas, qui porte un nom d'esclave en est un. Donner le nom des Blancs à nos précieux enfants c'est faire d'eux des pâles copies, c'est-à-dire des clones de ces Hommes Blancs, ce qui les asservit involontairement et inconsciemment. Les noms ont une influence sur la vie du porteur. Il nous suit partout, et forge sans notre avis notre existence. S'il est bien choisi, il porte bonheur; autrement dit, s'il est mal choisi, il peut porter préjudice. Des nouveaux noms ont été suggérés dans ce livre, ainsi que le principe de création de ces noms. Cela inspirera les parents à court de noms et en manque d'inspiration. La signification de quelques noms populaires en langue fè'éfě'è a aussi été donnée afin d'augmenter la probabilité de réutilisation de ces noms populaires, non plus de manière aveugle, mais tout en sachant la signification de ceux-ci. Les principes liés à la création de la banque de noms étant les mêmes dans toutes les langues du monde, tous les noms crées ici retrouveront aisément leur équivalent dans les autres langues africaines.

Remerciements

Nombreuses sont les personnes envers qui, nous aimerions témoigner toutes notre gratitude et notre reconnaissance ici en leur disant merci. Ainsi nous adressons nos remerciements à :

- Maman Hemo jeanne pour nous avoir accordé de son temps, en répondant à nos questions pendant nos investigations.

- L'artiste et animateur culturel Fabrice de Bana (Sagam Pokam) pour son aide concernant la classification des catégories de noms.

- Professeur Makalakwēn (Achiles Emo) pour sa grande participation et disposition et pour nous avoir accordé des interviews téléphoniques.

132

- Ma grande mère, Clotilde Tientcheu pour ses nombreux enseignements au sujet de la culture Africaine et ses encouragements.

- William Leubou et l'émission héritage sur Regard D'Afrique Tv, dont une partie nous a servi à la conclusion.

- Tous ceux qui nous ont proposé des prénoms parmi lesquels Mbā' Martin Henry Ayossa.

Ouvrages Parus Chez Resulam (Selection)

34- Thiouba Tall and Shck Tchamna, "La fourmi affamée : Wolof-Français: Melentaan wu xiif", (72 pages), ISBN-13 : 979-8466614336, September 2, 2021.

33- Rodrigue Tchamna, "Guide de conversation (phrasebook) en langue fe'efe'e (nufi) - part I *[Mise à jour]*", (276 pages), 481 grams, ISBN-13 : 979-8538988723, **July 20 2021**.

32- Pascaline Motoum, Rodrigue Tchamna, "Bə a la tə pɔ́ a ? Bə a lə pɔ̌ ɔ́. Contes bamilekés racontés en ghomala' et traduits en français", (96 pages), ISBN-13 : 979-8525282582, 23 June, 2021.

31- Jean René Djobia, Tchoumi Leopold, Rodrigue Tchamna, "Ntà Mə̀dûmbà-Mə̀dûmbà Attic- Le Grenier du Medumba", (156 pages), ASIN : B097P6S8ST, 21 June, 2021.

30- Gabriel Deeh Segallo, Rodrigue Tchamna, " Ntâŋ Ŋgə̂mbà : Ngemba Attic, Le Grenier du

Nguemba : ", (156 pages), ASIN : B09691SZ4X, 30 May, 2021.

29- Rodrigue Tchamna, "Ntă' Nùfī - Nùfī Attic - Le Grenier du Nùfī", (157 pages), ASIN : B091BMWTJM, March 29, 2021.

28- Pr Zachée Denis BITJAA KODY, Rodrigue Tchamna, "La fourmi affamée : Basaa-Français : Njàl ì gwèe Sulûk", (65 pages), ISBN-13 : 979-8724460323, March 19, 2021.

27- Oumarou Yero SIDIBE, Rodrigue Tchamna, "La fourmi affamée : Dioula-Français : Dugumɛnɛ kɔngɔtɔ", (66 pages), ISBN-13 : 979-8588342964, December 30, 2020.

26- Pr Zachée Denis BITJAA KODY, Rodrigue Tchamna, "Conversations de base en langue basaa", (92 pages), ISBN-13 : 979-8693478213, October 4, 2020.

25- Josephine Ndonke, Imele Tsafack, Rodrigue Tchamna, "Conversations de base en langue yemba", (95 pages), ISBN-13 : 979-8691944796, September 29, 2020.

24- Gabriel Deeh Segallo, Rodrigue Tchamna, "Tə́ttá pfʉ́ njjikhwu'ʉ́ : La fourmi affamée, Ŋgə̂mbà–Français", (65 pages), ISBN-13 : 979-8643894445, 7 May, 2020.

23- Pascaline Motoum, Rodrigue Tchamna, " Conversations de base en langue ghomala' ", (92 pages), ISBN-13 : 979-8657752007, 29 June, 2020.

22- Jean René Djobia, Rodrigue Tchamna, " Nzìkû' cwɛ̆d nja ndèdndèd : La fourmi affamée, Medumba-Français", (65 pages), ISBN-13 : 979-8645542108, 13 May, 2020.

21- Joséphine Ndonke, Rodrigue Tchamna, "Nzií sī nzāŋà kīkyā : La fourmi affamée, Yemba-Français", (65 pages), ISBN-13 : 979-8627394022, 21 March, 2020.

20- Claude Mvondo, Rodrigue Tchamna, "Conversation de base en langue ewondo", (84 pages), ISBN-13 : 979-8635619919, 10 April, 2020.

19- Claude Mvondo, Rodrigue Tchamna, "Mǎn asɔ́sɔ̄n awóg zie : La fourmi affamée : Ewondo-Français.", (65 pages), ISBN-13 : 979-8644636723, 10 May, 2020.

18- Joséphine Ndonke, Imele Tsafack, Olivier Tafouemewe, Rodrigue Tchamna, "Contes bamilékés racontés en yémba et traduits en français", (96 pages), ISBN-13 : 979-8649446921, 29 May, 2020.

17- Pascaline Motoum, Rodrigue Tchamna, "Jikǔ' wɔ́ jɛ́ títyɔ́ : La fourmi affamée, Ghomala-Français", (65 pages), ISBN-13 : 979-8640116243, April 25, 2020.

16- Ngobo Ekwala, Rodrigue Tchamna, " La fourmi affamée : Duala-Français : Sɔnɔ́ na njai", (65 pages), ISBN-13 : 979-8646994425, May 19, 2020.

15- Claude Lionel Mvondo, Rodrigue Tchamna, " Syllabaire et dictionnaire visuel en langue ewondo", (95 pages), ISBN-13 : 978-1070422077, September 11, 2019.

14- Rodrigue Tchamna, "Syllabaire et dictionnaire visuel en langue nufi (fe'efe'e)", (100 pages), ISBN-13 : 978-1070422077, May 28, 2019.

13- Rodrigue Tchamna, "Conte Bamiléké-Nufi : Travaille aujourd'hui et mange demain, paresse aujourd'hui et vole demain", (37 pages), ISBN-13 : 978-1793402516, January 12, 2019.

12- Jiokeng Feutsa, Giresse, Oliver Germain Tafouemewe, Rodrigue Tchamna, "Guide de conversation trilingue français-anglais-yemba", (178 pages), ISBN-13 : 978-1729670750, November 9, 2018.

11- Léopold Tchoumi, Rodrigue Tchamna, "Guide de conversation trilingue français-anglais-màdɯ̂mbà", (158 pages), ISBN / EAN13 : 1540312364 / 9781540312365, Nov. 10 2016.

10- Irene Ekwalla & Rodrigue Tchamna, "**Guide de conversation trilingue français-anglais-douala**", (174 pages), ISBN / EAN13 : 1535454369 / 9781535454360, Jul 24 2016.

9- Rodrigue Tchamna, "Étude Comparative des Variantes Dialectales de L'unique Langue Bamiléké Part I ", (144 pages), 341 grams, ISBN / EAN13 : 1533014981 / 9781533014986, **May 01 2016**.

8- Rodrigue Tchamna, "Conversation de base en langue fe'efe'e", (142 pages), 273 grams, ISBN / EAN13 : 1530903882 / 9781530903887, **Apr. 07 2016**.

7- Claude Lionel Mvondo Edzoa, & Rodrigue Tchamna, "**Guide de conversation (phrasebook) en langue ewondo - part I**", (136 pages) ISBN / EAN13 : 1523314591 / 9781523314591, Jan 9 2016.

6- Rodrigue Tchamna & Leopold Tchoumi, "**Contes bamilekés racontés en medumba et**

traduits en français", (94 pages), 244 grams, ISBN / EAN13 : 151920597X / 9781519205971, Nov 10 2015.

5- Rodrigue Tchamna, "African tales, Bamiléké fairy tales, English-French version", (100 pages), 244 grams, ISBN / EAN13 : 151870445X / 9781518704451, **Nov 05 2015.**

4- Rodrigue Tchamna, "Guide de conversation (phrasebook) en langue fe'efe'e (nufi) - part I", (178 pages), 431 grams, ISBN / EAN13 : 1515250814 / 9781515250814, **Aug 01 2015.**

3- Rodrigue Tchamna, "Expressions idiomatiques en langue fe'efe'e (nufi)", (194 pages), ISBN / EAN13 : 1514801884 / 9781514801888, **Jul 10 2015.**

2- Rodrigue Tchamna, "La grammaire des langues bamilekes : cas du nufi", (316 pages), 0.91 Kg, ISBN / EAN13 : 1511920408 / 9781511920407, **Jun 23 2015.**

1- Rodrigue Tchamna, "Contes africains, contes bamilekés racontés en nufi et traduits en francais" (96 pages), 244 grams, ISBN / EAN13 : 1512166375 / 9781512166378, **May 23 2015**.

Bibliographie

1. Journet-Diallo, O., *Noms d'ancêtres, noms d'amis, noms de dérision. Exemples africains.* Spirale, 2001. **19**(3): p. 51-60.

2. Becker, C. and W.C. Faye, *La nomination Sereer.* 1991.

3. Mensah, E. and K. Rowan, *African anthroponyms: Sociolinguistic currents and anthropological reflections.* Sociolinguistic Studies, 2019.

4. Cousseau, V., *Nommer l'esclave dans la Caraïbe xviie-xviiie siècles.* Annales de démographie historique, 2016. n° **131**: p. 37 à 63.

5. Holas, B., *Remarque sur la valeur sociologique du nom dans les sociétés traditionnelles de l'Ouest africain.* Journal de la Société des Africanistes, 1953(23): p. 77-86.

6. DIOP CHEIKH ANTA, *Nations Nègres Et Culture.* 2000: Présence Africa; Présence Africaine.

7. Sitraka Andrianivoson. *Les noms malgaches : leurs origines et leur signification.* 2019; Available from: https://stileex.xyz/signification-noms-malgaches/#a-chacun-son-nom-a-chacun-sa-destinee.

8. Obeng, S., *African Anthroponymy: An Ethnopragmatic and Morphophonological Study of Personal Names in Akan and Some African Societies.* 2001.

9. Sagna, S. and E. Bassène, *Why are they named after death? Name giving, name changing and death prevention names in Gújjolaay Eegimaa (Banjal).* Language Documentation & Conservation, 2016.

10. N'GUESSAN, A.C., *Quelques modalités d'attribution anthroponymiques baoulé : l'exemple de l'Ahétou.* Revue Akofena, 2016.

11. Onukawa, M.C., *An Anthropolinguistic Study of Igbo Market-Day Anthroponyms.* Journal of African Cultural Studies, 1998. **11**(1): p. 73-83.

12. Kweyap, N.S., *Le Culte ancestral en Afrique : Le crâne chez les Bamiléké*, ed. https://nsandalibrairie.ch/produit/le-culte-ancestral-en-afrique-le-crane-chez-les-bamileke-tome-1/. 2020, Aubagne: Autres-Talents.

13. Tchamna. *dictionnaire nufi-franc-nufi*. 2013; Available from: https://play.google.com/store/apps/details?id=com.resulam.android.NufiTchamna_nufi_francais_nufi&hl=en_US&gl=US.

14. Tchamna, *Conversation de base en langue fe'efe'e*. 2019.

15. Fédry, J., *Le nom, c'est l'homme.* Données africaines d'anthroponymie, L'Homme, Revue française d'anthropologie, 2009. **191**: p. 77 à 106.

16. Fromaget, M., *Corps-Ame-Esprit, Introduction à l'anthropologie ternaire.* 2017.

17. Anderson-Clark, T.N. and R.J. Green, *Basking in reflected glory: the election of president Obama and naming behaviour.*

Ethnic and Racial Studies, 2017. **40**(1): p. 63-76.

Made in the USA
Columbia, SC
26 May 2023

17323125R00098